Oh! Dívida Cruel

Sandra Mello e Daniel Funes

Oh! Dívida Cruel

A história dos endividados em 12 hilárias prestações

MATRIX

Direitos em língua portuguesa para o Brasil:
Matrix Editora - Tel. (11) 3873-2062
atendimento@matrixeditora.com.br
www.matrixeditora.com.br

Diretor editorial:
Paulo Tadeu

Capa:
Fernanda Guedes

Ilustração:
Gilberto Yudi

Diagramação:
Diogo Shiraiwa

Revisão:
Adriana Parra
Rosemary Cataldi Machado

Dados Internacionais de Catalogação na Publicação (CIP)
SINDICATO NACIONAL DOS EDITORES DE LIVROS, RJ.

Mello, Sandra J.
Oh! Dívida cruel : a história dos endividados em 11 hilárias prestações / Sandra J. Mello, Daniel Funes. - São Paulo : Matrix, 2007.

1. Dívidas - Humor, sátira, etc. 2. Humorismo brasileiro. I. Funes, Daniel. I. Título.

07-3917.

CDD: 869.97
CDU: 821.134.3(81)-7

Dedicatória

Este livro é dedicado a todos os que estão com o nome no SPC e na Serasa, aos que devem aos bancos, financeiras, agiotas, lojas de eletrodomésticos, magazines ou farmácias; e também às pessoas que ainda estão com o nome limpo. Estas não perdem por esperar.

Agradecimentos do autor, porque a autora não quer fazer propaganda gratuita de seus credores

Agradeço ao gerente do meu banco, que só este ano me concedeu três empréstimos, apesar de o analista de crédito franzir o nariz; e também ao meu sogro, que me emprestou 5 mil reais há dois anos e disse que eu podia pagar quando, como e quanto quisesse. Também agradeço ao meu agiota, o seu Adalberto Varejeira, que teve pena de mim quando precisei de dinheiro para pagar outros três empréstimos e me cobrou só 12% de juros ao mês, enquanto o mercado praticava 30%. Queria agradecer, ainda, ao seu Mussareli Regatoni Pilatroni, que em seu curso de auto-ajuda me iludiu com a possibilidade de fazer meu salário parecer maior, e as contas, menores. Até hoje não consegui aplicar isso na vida real, mas o seu Mussareli, que cobrou 300 reais de matrícula e mais 400 reais por uma semana de aula, garante que dá certo. Queria, finalmente, agradecer à mão amiga da Fodinvest, que vive me emprestando dinheiro, e finalmente ao meu cunhado, ao meu melhor amigo, à minha mulher e à minha mãe, que me negaram empréstimo porque sabem que eu não pago nunca, mas que ao mesmo tempo impediram que eu me afundasse ainda mais no oceano das dívidas, meu hábitat natural desde que completei 15 anos.

Índice

Prefácio

Arte da Arte

Lidar com palavras não é tarefa fácil. Com humor, então, é tarefa árdua.

Quando palavras são colocadas com humor leve, sem ironia ou acidez – e aqui o Macaco Simão que me perdoe –, aí só tem um nome: puro dom.

Agora, a essa receita você pode adicionar ainda o fato de se falar de economia.

Economia? Assunto árido, normalmente com cara de senhores engravatados ou especialistas femininas de terninho cinza e cara sisuda.

É o oposto disso que vemos em *Oh! Dívida Cruel.*

Minhas amigas jornalistas econômicas Miriam Leitão e Lilian Witte Fibe que morram de inveja.

Sandra Mello, que conheço de longa data, e Daniel Funes, que admiro em razão de seu livro *Histórias Secretas*, conseguem falar pra todo mundo entender. Entender e se divertir, o que é ainda mais difícil.

Quando um cartão de crédito cobra aquelas taxas de juros que deixam até os carecas de cabelo em pé, ou quando o cheque especial estoura por vários meses; ou, ainda, quando os juros da compra de uma tevê ou geladeira acabam consumindo o salário minguado, destinado a encher a barriga, não há humor que sobreviva.

Ahhhhhh, desculpem. Há, sim.

O livro, ou o almanaque, e suas dicas divertidas conseguem fazer a gente rir das desgraças. Mas será que são desgraças mesmo de um sistema econômico perverso? Ou será que nos identificamos com os erros e enganos dos personagens?

Só conferindo para ter certeza.

Ou seja, só lendo, ou melhor, só se divertindo.

E tudo isso vem, ainda, com o principal elemento do humor: a sua essência, sem apelação – fácil de identificar em tantos "programas de humor".

São histórias reais, bem humanas, como é a vida.

E talvez aqui resida a arte das artes: retratar a vida, que tem de ser vivida com muita graça e humor.

Fátima Turci
Jornalista

Oh! Dívida Cruel
Parabéns, você acaba de entrar em mais 12 prestações

Neste livro você vai conhecer pessoas que vivem como você: no cheque especial. *Oh! Dívida Cruel* tem ao todo 12 parcelas, que você vai terminar bem antes de 12 meses. E, ao contrário do seu carnê, que sempre faz você chorar quando olha para ele, aqui você vai rir o tempo todo. O livro é um apanhado de histórias surreais de endividados e depoimentos de mentira. Mas que tinham tudo para ser reais. Afinal, quem nunca se enfiou em prestações de 36 meses? Quem nunca entrou no cheque especial? Quem conseguiu sair? Você conhece alguém? Ao longo deste livro você vai ver que o cheque não compensa, e o cartão, menos ainda. E descobrirá, enfim, que nós, os endividados, podemos não ter crédito, mas temos uma história. Uma história repleta de coragem, faturas, encargos e juros de 20% ao mês.

1ª PRESTAÇÃO

CONTRATO DE FINANCIAMENTO

Parabéns, você acaba de entrar num financiamento em 12 vezes, e nós da Fodinvest estamos muito contentes em ter você como cliente. Estamos torcendo para que você consiga pagar todas as prestações em dia. Mas, se não conseguir, melhor para nós, pois os juros são de 30% ao mês. Foi com a ajuda de quem paga tudo com atraso que nossa empresa se transformou num império financeiro que só se compara ao dos grandes bancos deste país. Segundo este contrato, a partir de hoje você se compromete a pagar todas as prestações em dia, nem que tenha de pedir empréstimo para o vizinho. Caso contrário, o bem será devolvido (ou retirado em sua casa, sem nenhum custo) e você perde tudo que pagou. No capitalismo selvagem é assim que funciona. Instituições como a Fodinvest prosperam e endividados como você entram num buraco cada vez mais fundo. Mas não se desespere. Caso não consiga pagar este carnê, a Fodinvest refinancia para você, por meio dos Créditos Auto-Ajuda, Deus-Nos-Acuda ou Kisidane. Se nem tudo isso ajudar, você pode simplesmente ignorar este contrato, jogar o carnê no lixo e deixar que as prestações vençam. Em pouco tempo sua dívida irá triplicar, mas não se preocupe porque depois de cinco anos você não precisará pagar mais nada. Isso mesmo. Só que antes disso seu nome vai para o SPC, você perde o crédito, perde seus cartões de crédito e terá de esperar até a próxima Copa para ficar com o nome limpo. Se você concorda com as condições absurdas deste contrato, é só assinar no campo abaixo.

( ) Aceito ( ) Aceito

____

CURRÍCULO DE UM ENDIVIDADO

Objetivo:

Pagar minhas dívidas.

Escolaridade:

Nível superior, mas em Humanas. Por isso, nunca aprendi a fazer contas, calcular juros ou estimar quanto eu ia me ferrar lá na frente. Se eu tivesse 20 anos de novo, faria Economia. O curso é chato, mas pelo menos eu não viveria nessa dureza.

Especializações:

Vasta experiência com cheques devolvidos, promissórias e negociações com cartão de crédito.

Expertise em eventos como: limpar o nome, resgatar títulos protestados em cartório, manter a conta positiva entre dia 25 e dia 30, lidar com agiotas, negociar dívidas, renegociar dívidas, re-renegociar dívidas e trocar cheque na feira.

Qualificação profissional:

Pedir dinheiro emprestado; preencher solicitações de crédito; usar o limite do cartão de crédito como complemento da renda; identificar e abordar fiadores potenciais; pedir empréstimos e favores em dinheiro; administrar perdas.

Empresas e instituições em que está devendo:

Tentei descobrir, mas o sistema não informa.

Saldo devedor consolidado:

Tenho vergonha de dizer.

Experiência profissional:

1984 – Tive 12 cheques devolvidos e resgatei tudo

1985 – Refinanciei o carro e dei minha moto como garantia

1993 – Consegui um empréstimo para pagar todos os outros

1999 – Consegui me endividar em três cartões de crédito diferentes, sendo um deles o adicional que meu cunhado me deu

Cursos:

Como usar hoje o dinheiro que você vai receber amanhã

Como usar o limite do cartão de crédito para complementar a renda

Como fazer as pessoas pensarem que você tem dinheiro sem sair do especial

Como sair do especial sem contar com o décimo terceiro

Como fazer sua renda parecer maior e suas despesas parecerem menores

Por trás do 1,99 – como interpretar o 1,99; como absorver o 1,99 e como ficar longe dele

Como posso ajudar a empresa:

De vários jeitos. Só não me contrate para trabalhar no financeiro, que é fria.

Pretensão salarial – o bastante para pagar minhas dívidas e limpar meu nome.

2ª PRESTAÇÃO

FIADOR, EU PRECISO DE VOCÊ

O fiador é uma das figuras mais importantes na vida do endividado. Tão importante que a ele foram dedicadas poesias e músicas. *I NEED YOU; DON'T LET ME DOWN; I LOVE YOU* e muitas outras. Como todo endividado, você com certeza já precisou de um fiador. E, se não precisou, um dia precisará (ninguém escapa!). Para ter sucesso em suas investidas, veja passo a passo como proceder.

1. Como identificar o fiador

Fiadores têm dinheiro, têm imóveis, têm aplicações, têm dólares, mas também têm medo. Medo de que alguém precise deles para fiar alguma coisa. Para não serem reconhecidos, vivem disfarçados. Mesmo tendo grana sobrando, só usam roupas de segunda mão e fora de moda. Usam sapatos furados (note as pegadas), andam em carros que já saíram de linha e têm sempre a expressão de coitado que acabou de perder todo o salário numa aposta. Mas não se engane; fiadores têm muito dinheiro. Por mais que disfarcem, existe sempr e um momento em que eles se entregam. É quando abrem a carteira e deixam saltar maços de notas de 10 e 50 reais, misturadas com euros e dólares da sorte que eles colecionam. Por isso, se encontrar alguém com essas características – na família, na vizinhança ou num grupo de amigos –, ataque.

2. Como abordar o fiador

Um dos casos em que o fiador se mostra mais útil é na abertura de crediário. Muitos endividados conseguiram fiadores para essa função. É verdade que o fiador acabou mais tarde cortando relações com a pessoa a quem estava dando garantias, mas num primeiro momento funcionou. Se quiser que funcione com você, ao abordar um fiador, seja discreto e finja sempre que não está precisando de dinheiro e muito menos da ajuda do fiador.

3. Como capturar um fiador

Os fiadores potenciais são figuras tão traumatizadas que desconfiam de tudo e de todos. Estão sempre na defensiva. Por isso (é cruel, mas é verdade), a melhor abordagem é aquela que deixa o fiador sem ação. Veja aqui algumas sugestões, e, mesmo que (ainda) não esteja precisando de um fiador, treine com a família e com os amigos.

Abordando o fiador na viagem

Durante uma viagem de avião em que estiver ao lado de um fiador potencial, faça a abordagem. Comece logo após a decolagem. Assim que o avião se estabilizar, vire para a vítima e finja que irá falar sobre o tempo ou sobre a paisagem que você vê da janela. Mesmo mantendo uma expressão de serenidade, ataque com firmeza: “Fulano, você pode ser meu fiador?”. A pergunta deixará a vítima atordoada, pois é a última coisa que qualquer ser humano espera nessa situação. Aproveite o momento de espanto para prosseguir. Explique seu caso e, se notar que o fiador continua em estado de choque, faça que ele assine a papelada ali mesmo. Se quiser ter mais sucesso, aproveite um momento de fragilidade, nesse mesmo vôo, e faça sua proposta enquanto o avião atravessa uma turbulência. Fiadores morrem de medo de altura e de qualquer coisa que sacuda sua vidinha. E, numa situação dessas, o fiador não conseguirá nem falar, quanto mais dizer não.

Abordando o fiador na família

Convide o fiador para um almoço de domingo na sua casa. Por ser um almoço e por ser domingo, haverá tempo de sobra para todas as etapas do evento: *aproximação, abordagem, pedido*. Se o fiador for velho, aposentado e estiver naquela fase em que se sente inútil, melhor ainda. Ao lhe mostrar quanto é importante para você, isso renovará a auto-estima dele, permitindo que o avalize até mesmo num financiamento de 144 vezes. Inicialmente, elogie a sua figura. Ofereça uma dose do uísque que você comprou no cartão. Fale que sem ele **nada daquilo seria possível**. Ofereça outra dose do uísque comprado no cartão. Assim que ele perguntar "**o que não seria possível?**", beba você, de uma talagada, três doses do uísque comprado no cartão e entre no assunto. Se a resposta for *sim*, ótimo. Se for *não* e o clima ficar péssimo, esqueça o almoço. Sirva logo a sobremesa e libere a vítima.

Abordando o fiador na praia

Fiadores são figuras ariscas e, por esse motivo, estão sempre se precavendo. Na praia, nunca ficam vulneráveis. Preferem a segurança da barraca, onde se escondem e onde podem se refugiar sempre que encontram um endividado no caminho. Alguns fiadores têm tanto medo de ser abordados que chegam a trancar a barraca. Mas quem resiste à delicadeza de uma visita? É dessa forma, como visitante, que você vai entrar no reino do fiador. Aproveite e leve um presente – uma truta, um quilo de camarão ou mesmo uma concha. Essa atitude o sensibilizará e, ao mesmo tempo, o fará pensar que você não precisa dele. A partir daí, é só entrar no assunto. Inspirado na proteção da barraca, fale que seu sonho também é ter um teto, mas que para isso você precisa de uma ajuda. Você precisa de um fiador. Antes que a onda das cinco da tarde derrube a barraca e leve tudo por água abaixo, conclua seu discurso.

Abordando o fiador com uma proposta de casamento

Vamos que o fiador potencial seja uma mulher que esteja te querendo. Aja com frieza, mas sem perder a elegância. Convide essa mulher para ir a uma loja de departamentos com você. Ela irá, achando que se trata de um passeio. No caminho, fale de amenidades, de forma que ela nem sequer desconfie de suas intenções. Ao chegar ao shopping, corra para a loja de departamentos em que pretende fazer a compra. Ali chegando, vá direto ao assunto. Faça um elogio à guisa de introdução. Isso não só a surpreenderá como fará que preste atenção em você. Em seguida, inicie o assunto: “Fulana, trouxe você aqui hoje para falar de um assunto muito nosso”. Nesse momento, ela já intuirá que se trata de uma proposta. “Sim, Fulana, desde o último dia 30 estou para te dizer isso.” Agora ela aguardará ansiosa, certa de que se trata de um pedido. “E hoje chegou a hora de fazer esse pedido.” Aguardando um pedido de casamento, ela esperará, completamente à sua disposição. Então, finalize: “Fulana, você quer ser minha fiadora?”.

Abordando o sogro

Pra que serve um sogro? Ou uma sogra? Mais que uma conseqüência do seu casamento, o sogro é uma fatalidade. Melhor que lamentar a situação é aproveitar-se dela. Mesmo porque os sogros podem ser pessoas boas e úteis. Para tirar a prova, nada como pedir que seu sogro seja o seu fiador. Nesse caso, use a técnica do elogio. Comece enaltecendo a criatura. “Seu Adelmor, o senhor é uma pessoa que eu admiro”; “Nunca tinha reparado em como o senhor é bonito”. Ele vai continuar não entendendo, mas prestando atenção. “O senhor é um homem da mais alta estatura moral. Um dia eu serei como o senhor, mas preciso de um empurrão.”

Amaciado por tantos elogios, a essa altura seu sogro estará maleável, e você poderá, enfim, dar a facada. Seja por delicadeza, seja por total constrangimento, em 90% dos casos a resposta do sogro para pedidos como esse costuma ser *sim*.

ME DÁ UM DINHEIRO AÍ – PEDINDO EMPRÉSTIMO

Esse é, sem dúvida, o momento mais dramático da vida do endividado. Porque mais difícil que sair de uma dívida é entrar nela. O mais interessante é que, mesmo depois de ter pedido centenas de empréstimos, parece sempre que você está fazendo aquilo pela primeira vez. Para facilitar, pelo menos ao abordar a vítima, veja a seguir algumas orientações.

Pedindo empréstimo na viagem

É, ao mesmo tempo, a tática mais eficiente e a mais cruel. A vantagem de abordar a vítima numa viagem de carro é que ela não poderá fugir do assunto. Nem sair do carro, pois este estará em movimento e com as portas travadas. Mesmo que você seja péssimo em introdução, não tenha o mínimo de imaginação ou tato, a técnica dá certo. Porque, como já foi dito, a vítima não tem para onde fugir. Assim que achar oportuno, com o carro a mais de 120 km/h, entre com tudo: "Preciso de 300 reais, você me arruma?". Antes que a vítima responda, fale, em cima: "Te pago quando eu receber". Esse dia pode não chegar nunca. Afinal, receber o quê? De quem? De onde? Quando? Como? Por quê? Não entre em detalhes. Com o carro a 140 km/h, com o efeito da surpresa e sua prova de honestidade, tudo leva a crer que a vítima irá ceder. Mas cuidado: nesse caso, se ela for sacar a quantia no caixa eletrônico, vá junto, para evitar que ela fuja.

Pedindo empréstimo ao gerente

Embora essa seja uma das criaturas mais implacáveis, a vantagem é que você pode ir direto ao assunto, sem preâmbulos ou hesitações. A humilhação de pedir grana em família é compensada, aqui, pelos juros abusivos. Mas você não tem alternativa. O procedimento é muito simples. Basta informar a quantia e responder a certas perguntas. Porém, atenção: ao informar sua renda ou a de sua família, evite constrangimento. Fale no ouvido do gerente. Se ele gargalhar, vai parecer, no máximo, que você contou uma piada. Se possível, não fale nada, só escreva e finja, a todo momento, que você está ali porque tem algo a oferecer, nem que seja seu carro alienado como garantia.

Pedindo empréstimo na firma

Estando você num local onde só se fala de negócios e trabalho, nada pode ser mais apropriado que pedir um empréstimo nesse lugar e nessa ocasião. Assim como no caso da viagem, aqui você também pode manter a vítima sob controle, seja ela colega, amigo ou chefe. Tudo o que tem a fazer é pedir empréstimo enquanto vocês dois estiverem no elevador. Tem abordagem mais eficiente que essa? Comece falando que neste mês, pela 12ª vez no ano, seu salário não deu. E, falando em 12ª, faça um *link* com 13º, dando a entender como você pretende pagar o empréstimo. Essa possibilidade deixará a vítima mais tranqüila. Se nem assim ela ceder, parta logo pra chantagem. Diga que se ela não emprestar o dinheiro você vai apertar o botão de emergência e dizer que estava sendo vítima de um atentado ao pudor.

Pedindo empréstimo pelo telefone

Excepcionalmente neste caso, nunca vá direto ao assunto. Fale com a vítima sobre a família, converse sobre o tempo, discorra sobre amenidades. Depois de quinze minutos, anuncie que vai desligar, porque a ligação está ficando cara. Aproveite para dizer que sua conta de telefone está atrasada. Fale também da conta de água, ressaltando que você não toma água (nem banho) há uma semana. Deixe claro que, além de se afastar do mundo, por falta de grana você vai também morrer de sede e, se não pagar a luz, padecer na escuridão. Se a pessoa é da sua família, não há como ela não se compadecer dessa situação. Mesmo que seja tudo mentira.

Pedindo empréstimo para o chefe

Ninguém melhor que o chefe para recorrer numa hora de emergência. Até porque, sendo seu superior e a entidade que lhe paga, cabe a ele provê-lo de tudo aquilo de que você precisa. Portanto, não hesite, peça empréstimo ao cara, porque esse também é um jeito discreto de mostrar que você precisa de um aumento.

Ao perceber que ele está sozinho, pouco antes ou pouco depois do almoço, entre em sua sala como se fosse falar de trabalho, de preferência com algum papel na mão. Ao sentar-se na frente dele, faça logo uma abertura, dando um panorama de sua penúria. Fale com emoção, mas evite o pranto. Conte sobre as dezenas de ligações diárias que recebe de credores e enfatize quanto isso tira sua concentração e diminui seu rendimento. Se o seu chefe for uma pessoa de bom senso, emprestará qualquer quantia. A garantia para que receba será o desconto na folha de pagamento. Essa técnica não falha.

Pedindo empréstimo por e-mail

Essa é uma das estratégias mais úteis e seguras para pedir empréstimo. Útil porque você não precisa esperar que a vítima tenha um tempo para aquela conversa. Segura, porque você não se expõe, falando a céu aberto sobre seu problema. O melhor é que o seu texto poderá envolver a vítima e fazê-la acreditar que na verdade ela está ganhando ao lhe emprestar dinheiro! Atente, porém, para o *subject* do e-mail, que deve ser algo atraente, sem nenhuma ligação com o assunto de fato. Se o destinatário for um homem solteiro, o *subject* pode ser *putaria*. Ele vai abrir na hora. Se for algum crente desesperado, o *subject* pode ser *corrente*. Se for algum paranóico, pode ser *nova técnica de assalto*. Em qualquer dos casos, o importante é que a vítima abra o e-mail sem desconfiar de nada. E, para evitar que ela feche imediatamente, o teor do texto deve ser convidativo. Algo como: "Existem, hoje, dezenas de opções de investimento. Mas nenhuma é tão rentável quanto emprestar dinheiro a juros. Além disso, nessa opção não é preciso contar com assessoria especializada, tampouco entender de investimento. Basta saber a hora. E a hora é quando aparece a oportunidade. Como agora, por exemplo. Fazendo um empréstimo para mim em 10 meses, você ganhará um excedente de 20%, juros que nem mesmo o fundo DI está dando no mesmo período. E o melhor: você escolhe quanto quer emprestar – de 1.000 a 3.000 reais. Para investir, é muito fácil. Basta depositar o valor na minha conta e definir o dia em que receberá o pagamento das parcelas. Os bancos já fazem isso há muito tempo e estão cada vez mais ricos. Pense nessa possibilidade e anote já o número da minha conta".

Temos certeza de que a vítima irá pensar em todos esses argumentos. Quando você menos esperar, o dinheiro estará à sua disposição.

3ª

PRESTAÇÃO

MANDINGAS MILAGROSAS

1. Para atrair dinheiro

Pegue 5 kg de Defumador Chama Dinheiro e queime tudo de uma só vez dentro da sua casa. Por que funciona? Normalmente, os vizinhos ficam tão incomodados com o cheiro, que acabam indo reclamar com você. Aí você diz que só vai parar de queimar até a última ponta se o pessoal do condomínio lhe der uma grana.

2. Para arrumar emprego

Acenda cinco velas vermelhas, cinco pretas, quatro amarelas e duas azuis na porta da empresa na qual você quer trabalhar. Bote um frango com farofa, derrame um champanhe vagabundo por cima. Tudo isso de madrugada. De manhã cedo, apareça na hora em que a empresa vai abrir. Rola pelo menos uma chance de você se candidatar a faxineiro(a).

3. Mandinga gastronômica para atrair prosperidade

Tome 4 litros de sopa de lentilha. Encontre três trevos de quatro folhas e coma-os também. Pode pôr azeite e sal, se quiser, pois isso não interfere no resultado da mandinga. Parta para o prato principal: meio quilo de nhoque da sorte. De sobremesa, coma o suficiente de romã para conseguir juntar 300 sementes. Guarde essas 300 sementes na carteira ou numa pochete durante todo o ano. Se até o fim do ano você não se livrar da pobreza, pelo menos a prisão de ventre não vai incomodá-lo nunca mais.

Peça e será atendido

Depois de apelar para tantas mandingas, tudo o que o endividado mais quer é ter certeza de que seu pedido será atendido, não é mesmo? Veja alguns sinais que indicam que as coisas estão começando a dar certo:

Resíduo do PIS – Num momento em que você já nem lembrava que era cadastrado no PIS, chega em sua casa uma carta, avisando que há uma quantia do PIS na sua conta. Normalmente é coisa de 20 ou 30 reais; por isso, é bom não ir de táxi para receber.

Plano de capitalização – Ao abrir uma conta no século passado, você era obrigado a fazer um plano de capitalização se quisesse ter cheque especial. Desesperado, como sempre, você fez, e agora esse plano foi automaticamente resgatado. Você não foi sorteado, o dinheiro não rendeu e o banco ainda ficou com 10%. Mas o importante é que aqueles R$ 15,47 estão na sua conta. Viva!

FGTS – Aqueles 50 reais que ficaram no FGTS há dez anos renderam e viraram quase 500. E agora você pode sacar, quando for comprar uma casa. Pena que não dá para comprar nem barraco em favela.

Restituição do Imposto de Renda – Você achava que o imposto pago nunca mais voltaria. Mas o governo lembrou-se de você, mesmo estando no 15º lote. E, como por encanto, entrou na sua conta uma quantia que você não via há tempos. Aleluia!

Reembolso do plano de saúde – Você já havia perdido as esperanças de receber essa quantia. Ela parecia ridícula, mas agora que entrou na sua conta, e num dia tão inesperado, você viu que não era assim tão pouco. Demorou, mas o valor veio corrigido. Agora pegue esse dinheiro e faça a festa, nem que seja no boteco da esquina.

PREVISÕES ASTROLÓGICAS PARA ENDIVIDADOS (por Xana Brasileira)

Taróloga, astróloga e economista formada pela Economics School of U$A de Massachusetts.

Depois de formada, como não arrumou emprego, Xana foi dar consultoria. Com seus dons mediúnicos ela ajudou muita gente e conseguiu, enfim, ajudar a si própria.

Hoje Xana possui três carros, quatro imóveis, um hotel, dois terreiros de umbanda e um terreiro de umbanda-sítio em Campos do Jordão, que é onde recebe os espíritos mais ricos. O falecido milionário Onassis só baixa nesse terreiro de Campos do Jordão. Com seu trabalho, Xana Brasileira já ficou conhecida no mundo todo e hoje é um dos grandes nomes da filantropia paga.

ÁRIES - 21/3 a 20/4

Metido a besta que só! Quando não tem um puto no bolso fica nervoso, descontrolado mesmo. Acha a vida uma merda, a relação amorosa um barco naufragado e dá coice até na porta. Quando tem algum, aí fica um entojo. Quer chamar a atenção de todo mundo, influenciar as pessoas e ditar regras. Se acha, apesar de nunca atingir posição de destaque.

Conselho dos astros: é hora de correr mais atrás da grana e querer mandar menos.

Pode se dar bem como: controlador de vôo, polícia rodoviária ou agente penitenciário.

TOURO - 21/4 a 20/5

Cabeça-dura. Teima com tudo e com todos, apesar de nunca ter razão, sempre quebrar a cara e nunca ganhar dinheiro. Muquirana dos piores, é o único que acredita que sabe o mapa da mina.

Perfeito idiota. Materialista nato, odeia emprestar até receita culinária, que dirá dinheiro.

Conselho dos astros: trabalhe menos. Quem trabalha muito não tem tempo de ganhar dinheiro.

Pode ser dar bem como: carteiro, bombeiro ou catador de lixo.

GÊMEOS - 21/5 a 20/6

As pessoas têm mania de dizer que você tem duas caras, e estão completamente certas. Uma você usa pra se fazer de coitadinho, fingir que não tem sorte pra ganhar dinheiro, que todo mundo se aproveita da sua bondade. A outra você usa pra sacanear todo mundo que não contribui com você ou não acredita na sua encenação.

Conselho dos astros: caia na real. Decida logo que cara quer ter e faça uma plástica. Hoje em dia pode-se pagar até em 50 meses.

Pode se dar bem como: deputado estadual, federal ou lobista.

CÂNCER - 21/6 a 21/7

Sabe enrolar muito bem, até que alguém resolva chamar na chincha... aí, apela pra todos os santos, chora, mente, se for preciso puxa o saco, diz coisas pra agradar, inventa as piores desgraças se estiver sendo cobrado de alguma dívida, até convencer o outro de que não pode pagar. Quando se dá bem, aproveita a grana economizada e vai ao cinema, compra revistas de fofocas ou procura um terapeuta.

Conselho dos astros: largue mão de ser tão hipócrita e pague suas contas.

Pode se dar bem como: corretor de imóveis/seguros, massagista ou BBB.

LEÃO - 22/7 a 22/8

À primeira vista, parece mansinho, simples, tímido, batalhador... mas quando ganha um pouquinho de intimidade, seu real objetivo fica escancarado: quer ficar famoso, rico, virar celebridade e ter poder para mandar em quem estiver a seu lado, mesmo que sejam cachorros ou outros bichos. Quando leonino deve dinheiro, não dorme, não come direito, não trepa e então vira um déspota.

Conselho dos astros: faça uma escova nessa juba pra ver se alisa a arrogância.

Pode se dar bem como: terrorista, avaliador de crédito ou fiscal da prefeitura.

VIRGEM - 23/8 a 22/9

Puta perfeccionista chato, que sabe tudo, já leu sobre tudo e tem solução pra limpar o nome no SPC apenas usando o lustra-móveis certo para cada tipo de pele. Fala a verdade. Um pentelho andrógino, que acaba se dando bem até com o gerente do banco, que faz qualquer negócio pra se ver livre dos virginianos.

Conselho dos astros: se toca... vê se faz alguma coisa de útil pra melhorar seu *networking*, caso contrário, vai terminar sozinho e pobre.

Pode se dar bem como: consultor de palavras cruzadas, analista de cadastro ou quirólogo.

LIBRA - 23/9 a 22/10

Nunca diga a um libriano que ele precisa decidir logo sobre qualquer coisa, porque o QI dele não permite nem decidir qual conta paga primeiro, já que a grana tá curta. É puramente ególatra, narciso, esbanjador à custa dos outros. Cuidado com ele! Conta muita balela, mas na hora de pagar a conta... diz que a próxima é dele.

Conselho dos astros: desça do muro antes que alguém te empurre e você quebre a cara.

Pode se dar bem como: comentarista de futebol, advogado ou operador de telemarketing.

ESCORPIÃO - 23/10 a 21/11

Folgado, gosta de ganhar dinheiro sem ter de fazer força. Embromador de carteirinha, traiçoeiro nato, nem o seu melhor amigo escapa de seu veneno mortal, especialmente se tiver alguma dívida para acertar com ele. Ninguém agüenta mais seu jeito traíra de ser. Quando ele vai se dar conta disso?

Conselho dos astros: vacine-se logo, antes que morra do próprio veneno.

Pode se dar bem como: detetive particular, fiscal de renda/da vida alheia ou *designer* de objetos de tortura.

SAGITÁRIO - 22/11 a 21/12

O que falta de talento sobra em contas a pagar. Puta merda, como é que consegue ser tão irresponsável? Pra piorar, vive inventando desculpa esfarrapada pra justificar os erros e, se o caldo engrossa, bota a culpa nos outros ou enche a cara de birita.

Conselho dos astros: ninguém tá mais a fim de ouvir suas piadinhas sem graça, e, sim, que você assuma seus compromissos.

Pode se dar bem como: redator do *Zorra Total*, caçador de experiências ou animador de porta de loja do subúrbio.

CAPRICÓRNIO - 22/12 a 20/1

Gosta de aparentar que tem grana, mas tá sempre fudidaço, devendo a comida que come. Todo mundo que convive com ele sabe que é safado, frio, calculista e passa a perna até na mãe, na primeira oportunidade que tem. Não hesita em foder de verde e amarelo quem quer que seja.

Conselho dos astros: de nada vai adiantar seduzir o/a chefe, porque na hora H alguém vai te passar a perna. Lei da ação e reação, sacou?

Pode se dar bem como: agiota, organizador de rifa que ninguém ganha ou funcionário da administração pública.

AQUÁRIO - 21/1 a 19/2

A vida não é um roteiro de novela e credores não são vilões que morrem no final da trama. Portanto, abra o olho e freie essa compulsão por gastar dinheiro à toa. Você não vive dizendo que é o signo mais criativo do Zodíaco? Então por que não inventa um negócio realmente rentável e que prenda a sua atenção pelo menos durante o primeiro ano, hein?

Conselho dos astros: se continuar no mundo da lua, endividando-se feito um tarado, vai voar pelos ares, sem pára-quedas pra amortecer a queda.

Pode se dar bem como: especialista em qualquer atividade que ninguém nunca ouviu falar, invocador de anjos da prosperidade ou tocador de harpa marroquina.

PEIXES - 20/2 a 20/3

Deixe de fazer o tipo "sou especial", que gosta de doar o tempo para causas nobres, porque no fim do mês você vai ter de pagar as contas como qualquer ser humano normal. E deixe de ser imbecil, porque mentiras sinceras só interessavam ao Cazuza, e ele já morreu.

Conselho dos astros: se conselho fosse bom, você estaria rico, e não fodido e mal pago.

Pode se dar bem como: pescador, peixeiro de feira ou penetra de navio.

4ª PRESTAÇÃO

MICOS QUE TODO ENDIVIDADO PAGA

As frias mais complicadas em que os endividados já entraram e de onde ainda não saíram.

Terror na loja de cristais

Entrar numa loja de cristais para ver as novidades justo no dia 25, quando você está sem grana, com o limite do cartão de crédito estourado, e tropeçar, derrubando o vaso mais caro da loja. Um vaso chinês da Dinastia Meng, único exemplar da espécie. Um tombo desses, meu amigo, não sai por menos de 20 mil reais. Portanto, se você não tem grana, fique longe de lojas de cristais.

Pague para entrar, reze para sair

Entrar por engano numa loja de roupas de grife e, por pura irresponsabilidade, pedir para experimentar justo a blusa mais cara da loja. E então, por pura inexperiência e desespero, ao vestir a tal blusa, ouvi-la se rasgar. Se isso acontecer e você entrar em pânico, evite passar mal. Porque, se a blusinha custa 500 reais, um copo d'água nessas lojas de grife não sai por menos de 50 reais. Fora o tempo que a vendedora vai perder com você.

Sexo pago com cheque pré-datado

Fazer sexo num puteiro e querer pagar com cheque pré-datado. Outro mico da vida do endividado. Se é que você não sabe, *zé mané*, mesmo nos puteiros mais simples, quem paga com cheque pré-datado só pode gozar depois que o cheque compensa. Ou seja, se você recebe no dia 30 e vai pra farra no dia 15, sem grana, vai ter que se segurar por 15 dias. Aí, sim, você pode se libertar. O problema maior é se o cheque volta.

O caso da estelionatária inconsciente

Ficar louco para comprar qualquer coisa no shopping e não resistir. Nesse caso, alguns endividados ficam tão desesperados para ter o que não podem comprar, que fazem qualquer negócio. Alguns, no ápice da insanidade, tentam pagar suas compras com notas do Banco Imobiliário ou xerox de 50 reais. Não cometa essa burrice, porque você pode ser preso. E aí, vai ter que pagar a fiança com dinheiro de verdade.

Vender a alma ao diabo e receber cheque sem fundo

Vender a alma ao diabo, sim. Aceitar qualquer outra forma de pagamento que não seja *cash*, nunca. Cheque, nem pensar. Vai que o diabo, escroto do jeito que é, resolve sustar o cheque. Aí você fica sem a alma e sem a grana. Vai fazer o que depois? Vender o corpo?

Agiotagem na esquina

Marcar um encontro com o agiota para trocar aquele cheque que você roubou do seu marido. Ele prefere passar fome a fazer empréstimo. Mas você, uma endividada em desequilíbrio, vai até a esquina mais próxima e lá fica esperando o agiota. Além de passar por prostituta, corre o risco de ser assaltada. O pior é quando, por um terrível acaso, seu marido vê a cena. Aí não adianta jurar que é agiotagem. Ele vai morrer achando que é adultério.

Subornando o guarda a prazo

Fazer sexo na via pública e ser pego pelo guarda é o maior dos micos. Se ainda não aconteceu com você, a qualquer momento pode acontecer. E com certeza o guarda vai te pedir uma grana, afinal, ele e mais alguns contam com suborno como complemento de renda. O pior é que, como sempre, você não tem dinheiro, só cheque, por sinal, sem fundos. Aí o jeito é subornar o guarda com cheque pré, o que não é nada perto do vexame de ser pego sem roupa, trepando no carro.

Pagando a conta com cartão de visita

Esse perrengue é típico de endividados que bebem até cair. Mesmo sem perguntar se o bar aceita cartão, se aceita cheque ou se a máquina do cartão tá funcionando, vão logo se sentando, enchendo a cara e pedindo uma porção de frango à passarinho. O problema é quando chega a conta. Aí, aqueles 16 ou 17 chopes dão um valor absurdo e os caras descobrem que estão sem grana. O jeito é pagar a conta num outro dia. Nesse caso, deixam a única garantia que têm: o cartão da firma. Pelo menos mostram que trabalham. Mas ganham mal.

Socorro, cobraram o *couvert*

Ninguém está livre dessa armadilha chamada *couvert*. Trata-se de um punhado de frios estragados que jogam na sua mesa, aproveitando que você está desesperado para comer. Quando vem a conta, você descobre que o *couvert* foi mais caro que a comida. E o pior: descobre que não dá para pagar a conta. A saída é entrar no banheiro e ficar horas lá dentro, até que te esqueçam. Ou fugir pela janela do banheiro e nunca mais voltar.

Muita infelicidade, muitos anos de vida

Dar um presente de merda à namorada no dia do aniversário dela. Muitos namoros de endividados acabam assim. A namorada fala que só quer uma lembrancinha e eles acreditam. Acabam dando de presente chocolates. Não da Kopenhagen, mas aqueles da caixinha de R$ 2,50. Ou então chaveiros, CDs piratas ou latas de goiabada que mandam embrulhar para presente. Se você chegou a esse ponto, pode ter certeza de que vai ser o fim. Porque falta de grana é uma coisa, ofensa pessoal é outra.

Jantar romântico no McDonald's

Chamar sua namorada para jantar e levá-la ao McDonald's. Pior que isso, só mesmo levá-la a um restaurante por quilo. Se a intenção é terminar o namoro, o lugar é perfeito. Do contrário, não adianta dizer que o local é despojado, *cool* ou moderno. Sua namorada vai terminar com você antes de a conta chegar. Principalmente se no lugar da asa de faisão à provençal com vinho chileno você pedir um x-salada com tubaína.

Ficar doente com o plano de saúde vencido

Chegar na emergência do hospital e descobrir na portaria que você não pagou o plano de saúde. Aí, amigão, ferrou. Você vai ter de ir para o SUS, aquele lugar onde as pessoas morrem no corredor. Ou, então, esperar para passar mal só no próximo mês, quando o plano de saúde estiver em dia. Agora, se o seu plano só tiver cobertura regional, faça um favor a si mesmo: nunca passe mal em outros estados.

FÉRIAS SEM GRANA

Quem não tem um puto também precisa passear

Pela primeira vez na vida você cometeu um ato heróico e NÃO vendeu suas férias. Agora você tem todo o tempo do mundo para fazer o que quiser. Mas, como nada é perfeito, você não tem dinheiro pra viajar, pois usou tudo o que recebeu para quitar seu último empréstimo. Calma, que nem tudo está perdido. Nós, que somos tão endividados quanto você, traçamos um roteiro para você aproveitar as férias, sem sair de sua cidade, sem sair do seu bairro e sem gastar nem um real. Se você tiver espírito esportivo, senso de humor e principalmente sorte, essas serão as férias sem grana mais emocionantes da sua vida.

Visitando o aeroporto

Você talvez conheça o aeroporto da sua cidade. Nem que tenha sido a serviço, não é possível que alguma vez na vida você não tenha viajado de avião. Na pior das hipóteses, já ouviu barulho de avião. Por mais que tomar um *Boeing* pareça um sonho distante, lembre que entrar no aeroporto é grátis! Voar, porém, pode sair muito caro. Nesse passeio que sugerimos você fará o mesmo roteiro de quem está embarcando. A diferença é que, em vez de ir para o *check-in*, terá de se dirigir a algum corredor, ao banheiro ou ao mirante. Porque são os únicos lugares por onde você vai conseguir passar sem pagar. De todos eles, o mirante é o mais divertido, pois de lá você verá os aviões chegando ou saindo, o que é bem mais seguro que estar dentro deles.

Shopping sem grana

Todo endividado tem atração por shopping center. Por isso, nossa dica é que você passeie pelo shopping como se estivesse realmente passeando, e não tentando fazer compras. Ignore as ofertas. Se for míope, vá sem óculos, para nem sequer enxergar os preços na vitrine. Também não leve nenhum cartão. Se ficar tentado a ir para a praça de alimentação, leve um cartão de crédito placebo. Mas não tente usá-lo de jeito nenhum, porque isso é estelionato.

Ande devagar, pois terá todo o tempo do mundo, e finja que está dando uma caminhada, e não olhando vitrine. Evite lojas de roupas, de sapatos e de departamentos, pra não querer voltar pra comprar no dia seguinte. Se a tentação levar você ao desespero, faça um passeio de elevador panorâmico para relaxar. É grátis. Ou, então, suba até a cobertura e finja que está num mirante, mesmo que não enxergue merda nenhuma. Mas, por favor, não se jogue lá de cima. CUIDADO: se ficar muito tempo andando sem rumo dentro de um shopping, você pode virar tipo suspeito.

Tarde na casa da sogra: por que não?

Num primeiro momento, essa experiência pode ser dramática. Ao ver você chegando, a primeira coisa que ela vai pensar é que está desempregado. A segunda coisa é que, além de desempregado, você foi despejado. E, vendo que está sozinho, ela vai pensar uma terceira coisa: que, além de fodido, você se separou da sua mulher. A última coisa que a sogra vai pensar é que você está de férias e veio fazer uma visita de uns três dias. Mesmo que consiga ficar apenas dois, já estará fazendo uma economia de quatro refeições. Como nas férias você não pode usar seu vale-refeição, já vai ser um bom negócio. E, se você conseguir passar no máximo só uma tarde vendo televisão ou jogando baralho com a sogra, já será um programa diferente, e o mais importante: com custo zero.

Tarde na loja de 1,99

Se você definitivamente não se livra da maldita compulsão de se meter num crediário, o jeito é a loja de 1,99. Aqui sua despesa pode chegar a 2,99; 3,99; mas dificilmente atingirá os 50 reais. E basta ficar uns dez minutos dentro de uma loja dessas para você perceber quanto se sente bem e talvez até mesmo rico. Porque mesmo com a grana contada, você poderá comprar tudo o que vê na frente. O que vai fazer com essas bugigangas ao chegar em casa, sabe Deus. Mas pelo menos você poderá passar horas agradáveis, sem medo de estourar o limite do cartão.

Montando um quebra-cabeça de mil peças

Montar um quebra-cabeça pode ser enlouquecedor, mas também pode levar 30 dias ou mais e, além disso, é grátis. Mesmo que você precise comprar o quebra-cabeça, pense no tempo em que ficará absorvido, sem pensar nas contas que tem para pagar e, ao mesmo tempo, sem sair para adquirir o que não pode. A atividade não só é terapêutica, como envolve toda a família. Você pode chamar seus filhos para ajudar e ainda prometer que, se eles montarem tudo antes de 30 dias, irá levá-los ao Hopi Hari. Mas isso nunca vai acontecer, nem em 50 dias, nem em seis meses. E, se acontecer, até lá você já terá recebido seis salários e poderá cumprir a promessa. Mas esqueça. Quebra-cabeças levam meses para ficar prontos. E quando isso está para acontecer, alguém sempre esbarra e desarruma tudo ou, então, a empregada vê aquilo no chão e varre por engano. Todos esses percalços fazem da montagem do quebra-cabeça uma atividade demorada e sem custo. Só vai sair caro se os seus filhos pirarem e você tiver de gastar uma grana em terapia.

Em busca do cheque voador: jornada da recuperação de cheques

Esse passatempo não só proporciona uma espécie de *city tour*, como tem função educativa. Ao empreender essa jornada em busca de todos os cheques voadores que lançou, você aprenderá muita coisa. Aprenderá que o barato sai caro, que o cheque definitivamente não compensa e que cheques sem fundo não são pagos só com dinheiro, mas com suor e lágrimas. Mesmo que você tenha apenas quatro cheques sem fundo, a tarefa de descobrir onde está o cheque, achar a pessoa que está com ele, retirar o cheque e devolvê-lo ao banco pode consumir dias. Perfeito pra você que está sem programação e sem idéias para aproveitar suas férias. Se você tiver uns dez cheques, melhor ainda. Claro que esse tipo de gincana pode sair caro, mas, ao mesmo tempo em que você ocupa seu tempo, resolve um problema. Pensando bem, muitos deles. Portanto, reúna a família, reúna a documentação, reúna forças (você vai precisar) e saia nessa animada jornada em busca do cheque voador. Se você quiser algo com mais emoção, tente também a gincana pelos dez cartórios para conseguir uma certidão negativa.

Viagem de ônibus

Mesmo você, que tirou férias e usou a grana para pagar suas contas, pode viajar. Sem sair da cidade. A idéia é fazer um *city tour* no lugar onde você mora, mas em bairros nunca antes visitados. Você poderá conhecer a periferia, a entrada da cidade ou os confins de algum bairro. Tudo que tem a fazer é escolher um destino para o qual você nunca foi, nem mesmo por engano. Em seguida, assuma uma atitude de total desprendimento, entre no ônibus e sente-se no banco de trás. Nesse estado de contemplação, vá até o ponto final. Pelo preço da passagem, você terá emoções e vivências que nem as viagens internacionais proporcionam. Além da atração da paisagem, ora estranha, ora desesperadora, ora inexplicável, você irá se entreter com os tipos impagáveis que entram e saem do coletivo. Em alguns casos o passeio fica tão pitoresco que equivale a uma tarde no circo. Se você for adepto de aventuras radicais e quiser mais emoção, espere o ônibus lotar e encrenque com alguém. É diversão garantida.

5ª

PRESTAÇÃO

COMO VIVER ENDIVIDADO E FAZER OS OUTROS PENSAREM QUE VOCÊ TEM DINHEIRO

Dez dicas para fazer os outros pensarem que você paga tudo à vista, que tem dinheiro aplicado e que é tudo, menos um endividado.

Sempre ande com uma nota de 50 reais na carteira. Mas jamais gaste. Sempre que abrir a carteira, em estabelecimentos comerciais ou mesmo em lugares públicos, faça-o em câmera lenta, de modo que todos ao seu redor possam ver a nota claramente – a exemplo do mágico, que mostra o coelho antes de fazê-lo sumir na cartola. Em seguida, pague a conta, a despesa ou a entrada. Nesse caso, usar cheque ou cartão vai parecer uma opção e não o último artifício de quem não tem saída.

Use roupas de grife, nem que sejam compradas no crediário. Ao olhar para você, ninguém jamais vai saber ou suspeitar que você comprou a roupa em duas ou em vinte vezes. O que todos vão ver é que você está com uma roupa de marca e, portanto, conseguiu pagar por ela. O que significa que você tem dinheiro.

Ande com três cartões de crédito na carteira. Mesmo que os três estejam bloqueados, não importa. Sempre que abrir a carteira, em câmera lenta, fatalmente exibirá os cartões enfileirados, fazendo qualquer um pensar que você tem dinheiro. Cartões de agiotas, de *factoring* e de financeiras você esconde. Ou melhor, joga fora. Porque ao abrir a carteira eles podem cair e acabar na hora com a sua farsa.

Cole na capa de seu talão de cheques a sobrecapa de um desses bancos de milionário. Ao sacar o talão, faça-o vagarosamente, sempre deixando a capa bem exposta. Ao pagar a conta do restaurante, você pode até se espreguiçar, afastando-se da mesa e deixando à mostra o talão. Jamais alguém irá imaginar que você cometeu a insanidade de mascarar esse seu cheque que vive voltando. Para tornar o estratagema mais convincente, sempre que preencher um cheque use uma caneta Mont Blanc. Comprada do camelô, claro.

Ande sempre de carro novo. Mesmo que seja *leasing*, mesmo que a prestação esteja atrasada, mesmo que seja um carro emprestado. Só não vale táxi. Qualquer indivíduo que chega em qualquer lugar num carro novo (que não seja popular) jamais será visto como endividado. Mas atente para um detalhe. Deixe esse carro novo com o manobrista, para que todos vejam você chegando e saibam de que carro você está saindo. Essa estratégia dá tão certo, que pode ser até que alguém lhe peça dinheiro emprestado.

Use na chave do seu carro um chaveiro de BMW. Ao verem o emblema pendendo do seu bolso, todos vão pensar que você tem um carro de verdade e não um carro 1.000. Nas reuniões sociais, no meio de um grupo de amigos, mantenha o quadril para a frente, de forma a empurrar o chaveiro e deixá-lo sempre em primeiro plano. Mas atenção: nunca dê carona; em festas de casamento, pare bem longe do estacionamento do bufê e nunca tire a chave do bolso em público. Do contrário, todos perceberão que seu chaveiro é uma mentira, e você, outra.

Nas rodas de amigos só fale de dinheiro entrando, nunca de dinheiro saindo. Isso dá azar. Além do mais, existe o sigilo bancário, e, com exceção do gerente, ninguém nunca vai saber quanto você ganha ou quanto você deve. Também não vão saber que seu carro está alienado, ou que suas jóias estão empenhadas. Nessas horas vale mesmo o que você disser. Mas diga tudo com firmeza, e, se possível, grite.

Vá aos restaurantes da moda e finja que está de regime. É a justificativa perfeita para você pedir apenas o *couvert* e comer só cinco azeitonas minúsculas e uma berinjela fatiada que mais parece um enfeite de mesa. Se a fome bater forte e você perder a elegância, encha a cara de pão. É mais barato e eles repõem toda hora. Mas, para que sua mentira cole, o ideal é petiscar de um jeito casual, e nunca como um pobre faminto que comeria até a cesta em que são trazidos os pães.

Sempre que entrar num ônibus, finja que tem carro. Você pode ter pego o ônibus porque seu carro quebrou, ou porque estava sem saco para enfrentar o congestionamento. Comece tirando da carteira Louis Vuitton falsificada uma nota de 50 reais para pagar a passagem, deixando claro para o público ao redor que você não faz nem idéia de quanto custa andar naquela coisa. Pergunte se pra quem vai em pé a passagem é mais barata. Se não tiver assento vago, desça do ônibus. Ninguém é obrigado a pagar para viajar de pé. Caso encontre um banco, sente-se e durma, assumindo o ar *blasé* de quem passeia num ônibus fretado. E nunca se levante para dar o sinal. Faça isso sentado ou espere que alguém daquela turba de desesperados que viajam de pé o faça.

No jantar com amigos, finja que vai pagar tudo. Só não cometa a burrice de levar isso adiante. Essa pseudogenerosidade pode lhe custar caro e fazer você perder não só grana, mas também o amigo. O ideal é, ao chegar a conta, fazer menção de pagar e dizer que faz questão. Olhe para o conteúdo do livreto como se aquilo fosse um segredo. Agarre o livreto da conta dizendo que faz questão de pagar. Mas, assim que um dos ocupantes da mesa disser "imagine", largue a merda da conta ali mesmo e deixe que ele pague, como se você estivesse fazendo uma grande gentileza.

Quando não estiver de carro, procure chegar aos lugares sempre de táxi. Isso mesmo, dissemos *chegar* aos lugares, o que não significa que você terá de percorrer o caminho todo de táxi. Até porque você não tem essa fortuna. Sendo assim, saindo de seu ponto de origem, ande a pé o máximo que conseguir. Se puder, complete essa via sacra com uma carona, tomando o táxi apenas quando faltarem uns 300 metros para o destino. Assim, seus amigos verão você chegando de táxi e a corrida ficará quase de graça. Só tente escolher um carro com ar-condicionado no máximo. Porque ninguém vai acreditar que você suou daquele jeito ao atravessar a rua.

Ao dar um presente barato, compre uma embalagem cara. Ninguém abre o presente de aniversário na mesma hora em que o recebe. Acho que para não ter de mostrar seu desapontamento em público. O bom é que você pode usar esse costume a seu favor. Em qualquer situação, mesmo em aniversário de amigos, compre qualquer bugiganga no camelô, mas capriche na embalagem. Vale até vasculhar o lixo dos mais abastados à procura de caixas de roupas de grife. Dane-se o presente. Caber na embalagem é o que importa. O passo seguinte é chegar no evento com aquela bela caixa na mão, o que vai ser suficiente para convencer a todos de que você comprou o presente numa puta loja. Quando o aniversariante resolver abrir, você já estará longe, e ele, numa ressaca do cacete. Portanto, nem vai se lembrar de que ganhou aquela merda do melhor amigo.

6ª PRESTAÇÃO

O QUE SE DIZ E O QUE SE ENTENDE

Na vida dos endividados, nem tudo são dívidas, muitas vezes tudo são metáforas. Por delicadeza ou mesmo má-fé, ninguém nunca fala a verdade para os endividados. Mas nós fomos em busca da verdade e agora mostramos a você em primeira mão o verdadeiro significado de tantas expressões. Elas estão na boca de funcionários que ligam para cobrá-lo, nas cartas que você recebe das Fodinvests da vida, das empresas de cartão ou na conversa de algum endividado que você conhece:

Cartão com problemas = você está sem um tostão na conta.

Notícia do seu interesse = fodeu, você está com o nome no SPC.

Você deve 20 mil reais no cartão, mas estamos dando um desconto de 80% = mentira, ninguém faz um desconto desses, quanto mais uma empresa de cartão de crédito. Você, na verdade, deve só 1.000 reais, e com juros de 100% terá de pagar 2.000 e ainda achar que o cartão está sendo camarada.

Você está com uma restrição, mas o sistema não informa qual é = sujou geral. Ou você tá com o nome na SERASA e no SPC ou seu CPF foi cancelado. No mínimo, amigão.

Temos uma ótima notícia para você = um banco nunca tem uma ótima notícia para você, só para ele. A notícia, na verdade, é um novo empréstimo, que ele está oferecendo não para salvá-lo, mas para você se endividar mais ainda.

Você é especial = mentira. Ninguém é especial coisa nenhuma. O que querem com isso é sensibilizar você para que contrate mais um cartão de crédito, entre no rotativo e não tenha mais como pagar.

Alô, sou seu gerente e estou ligando para me apresentar = ninguém liga para se apresentar. Quem quer se apresentar vai na TV, no show de calouros ou na Hebe. O cara tá ligando porque você passou dos limites e está com uns três cheques devolvidos, que mais uma vez ele fez o favor de não cobrir.

Dinheiro agora = em outras palavras, dinheiro no ato e uma dívida que você não conseguirá pagar nem agora, nem amanhã, nem nunca. Se liga, mané!

Carro zero por apenas 1.000 reais = isso é só a entrada. A entrada do inferno em que você vai se meter, comprando um carro novo sem ter um tostão.

Posso trocar um cheque com você = cheque não é figurinha, que as pessoas colecionam e saem trocando. Na verdade, a expressão "trocar um cheque" é um eufemismo para "me empresta uma grana que eu tô na lona".

Concentro todas as minhas despesas no cartão = ou seja, nunca tenho dinheiro e meu limite no especial também já era. Por isso faço essa loucura, apelando para a única fonte que me resta.

Esse cartão é o que tem a melhor data para eu usar hoje = mentira. Esse cartão é o único dos três que ainda não foi bloqueado por falta de pagamento.

Seu histórico não é bom = ao ouvir essa frase de uma instituição financeira, significa que rastrearam sua vida e sabem que sua história também não é nada boa. Descobriram, entre outras coisas, que aquele carro que você financiou há dois anos, em 36 meses, na verdade foi tomado por falta de pagamento.

Quer fazer um LIS? = isso não é um convite, é uma forma educada de dizer que você está fodido e que sua única salvação é tomar um empréstimo, justo com a mesma entidade à qual você deve mundos e em que não tem mais fundos.

Esperamos que você esteja bem = essa frase no início de uma carta não é um cumprimento, e sim o prenúncio de alguma comunicação sinistra de banco ou financeira. O que virá a seguir acabará com seu dia ou com sua noite e com sua semana. Se puder, peça para outra pessoa ler e contar o que está escrito.

Entrega de talão de cheques bloqueada para esta conta = Depois de trocentos cheques sem fundo que você passou, o banco está com medo de liberar outro talão e não fornece nem mesmo cheques avulsos.

Eu posso falar com você em particular? = essa frase dirigida a um endividado significa que o gerente não quer humilhá-lo expondo sua situação catastrófica em praça pública e dizendo que seu crédito não é aprovado para nada.

Seu cadastro não foi aprovado = não, meu amigo, não foi falha no sistema, foi falta de controle seu. A instituição descobriu quantos cartões de crédito você já quebrou por aí e decidiu que para você não tem cartão de crédito, nem crédito, nem crediário.

Vou dar uma pensada = ninguém precisa dar uma volta para pensar. Se o cara fala que vai dar uma pensada é porque achou o preço da mercadoria um disparate e nunca mais vai voltar.

Olá, fulano, como vai? = como alguém que você nunca viu e que mal te conhece manda uma carta para o seu endereço e te chama pelo nome? Quem lhe deu essa liberdade? Ninguém, mas para oferecer crédito os bancos fazem qualquer negócio.

Você foi sorteado e ganhou uma viagem = sabe Deus como isso aconteceu, mas esse presente vai lhe sair caro. A passagem é grátis, mas a estada, o traslado e a taxa de embarque você vai ter de pagar. Ou você acha que alguém dá alguma coisa para alguém?

Ganhe dinheiro sem sair de casa = nem jogando na loto você consegue essa façanha – tem de ir até a casa lotérica. As únicas pessoas que ganham dinheiro sem sair de casa são as que recebem clientes nas residências para certos tipos de serviço não muito bem vistos pela sociedade. E você tá longe disso.

Não quer levar um cinto para combinar com a calça? = traduzindo, não quer comprar a loja inteira, parcelar em 12 vezes no cartão, entrar no rotativo e ir parar no SPC?

Participe do nosso programa de fidelidade e ganhe um almoço = isso significa que comendo dez vezes no mesmo lugar, a décima vez é grátis. Só que depois de comer dez vezes a mesma comida, nesse mesmo lugar, você não vai mais querer ver essa comida na frente, e aí, adeus fidelização.

Não trabalho com cheque = mas já trabalhou. E não ganhou nada com isso, só perdeu. Por isso, agora só mesmo *cash*.

7ª PRESTAÇÃO

OS CREDORES TE ACHARAM. E AGORA? DICAS PARA DRIBLAR OS CREDORES

Por mais que você se esconda, por mais que você nunca esteja, os cobradores sempre dão um jeito de encontrá-lo. E ainda que você passe a eles um telefone de mentira, sempre acabam descobrindo onde você está. E eis que numa segunda-feira, quando você esperava estar livre, toca o telefone da empresa (justo esse!) e você atende achando que é uma ligação interna. Mas não. São eles! E agora? Agora veja, a seguir, uma série de truques e estratégias para se livrar dessa raça antes que seja tarde.

1 Ao atender e perceber que se trata de cobrança, finja que não está ouvindo. Grite, mas não xingue. Repita a palavra "alô" várias vezes seguidas, cada vez numa entonação diferente. Como locutor de rádio, como cantor de ópera e, se possível, com um "a" alongado, como se fosse espirrar. Ao se convencer de que a ligação está péssima, o credor desligará. Na seqüência, tire o fone do gancho por tempo indeterminado.

2 Nunca atenda ao telefone dizendo seu nome. Atenda e não diga nada. Aguarde até que a voz do outro lado se manifeste. Se ouvir seu nome completo, é cobrança, com certeza. Nesse caso, diga que você não está e que não sabe a que horas irá voltar. Se preferir, diga que saiu e que não volta. Nunca mais. Faça-o como se tivesse saído para morrer. Assim que a ligação terminar, deixe o fone fora do gancho por tempo indeterminado.

3 Atenda imitando voz de bicho ou fingindo que você está falando com uma criança. À primeira vista, vão achar que é louco, e em seguida, que é débil. Mas persista, porque o objetivo é justamente este: fazer o credor pensar que ligou para um ET e não para você. Fale frases sem nexo, pie, muja, solte sua imaginação e toda a sua animalidade. Em menos de um minuto o credor desligará, absolutamente desapontado. Nesse caso, não precisa deixar o fone fora do gancho, pois esse cara nunca mais ligará para você, seu louco.

4 Finja-se de URA. Você sabe o que é isso. É aquela maldita gravação que manda você apertar determinados números feito um idiota, sempre que você liga desesperado apenas para saber o saldo da sua conta no banco. Você já ouviu essa maldita mensagem o suficiente para saber imitá-la. Então, ao atender o telefone e identificar um credor, passe a falar números aleatoriamente e dar opções. *Se você quer cobrar uma pessoa que deve há seis meses, aperte 6. Se quer cobrar alguém que deve há um ano, aperte 12. Se quer fazer apenas uma ameaça, aperte "asterisco" e deixe seu recado.*

Você pode, ainda, dar a opção para que o credor te encontre. *Se você quer me encontrar, ligue para 102 e tente descobrir meu outro telefone. Se quer me encontrar em casa, ligue depois das 22 horas. Para voltar ao início do menu, aperte a tecla "sustenido". Para saber o que é sustenido, procure no dicionário.*

Essa estratégia de URA permite que você crie dezenas de mensagens. Até que finalmente o cara desista depois de tanta enrolação e resolva desligar. Se isso acontecer e você não quiser se fingir de URA outra vez, deixe o fone fora do gancho por tempo indeterminado.

5 Atenda falando num idioma diferente, que na verdade ninguém conheça. Invente um som, uma palavra ou expressão. Ao ter certeza de que se trata de um credor, continue falando numa língua cada

vez mais estranha. Misture inglês, japonês, francês e até palavras inventadas. Qualquer credor, qualquer agiota, qualquer ser humano ficará completamente desconcertado e não saberá o que responder e muito menos o que perguntar. Um minuto desse artifício é o bastante para que desistam de persegui-lo. Finalizada a ligação, deixe o telefone fora do gancho por tempo indeterminado.

OS 15 MANDAMENTOS DOS ENDIVIDADOS. APENAS 10 SERIA MUITO POUCO

1. Não use cheque.
2. Não use o seu cartão de crédito.
3. Não use o cartão de crédito de outras pessoas.
4. Nunca peça um cartão adicional.
5. Não peça um cartão.
6. Não faça dívidas.
7. Não gaste mais do que pode.
8. Não gaste nem o que pode.
9. Não compre o que não precisa.
10. Não compre nem o que precisa.
11. Não faça compras.
12. Não peça para sua empregada fazer compras.
13. Não vá ao shopping.
14. Não entre em lojas.
15. Não saia de casa.

Não faça mais nada!

Para se livrar de suas dívidas, repita esses mandamentos como se fossem um mantra. De preferência, todos os dias úteis. Em menos de um mês você ficará livre da compulsão de comprar. Endividados que fizeram esse exercício nunca mais fizeram dívidas, nem empréstimos, nem compras. Vivem paralisados, amarrados em suas casas, mas sem dever para ninguém.

8ª PRESTAÇÃO

Chegou Fantasy Card. Não vá pra pindaíba sem ele.

O cartão perfeito pra você, que não sabe usar cartão de crédito. Fantasy Card parece um cartão de crédito, tem o formato de um cartão de crédito, tem as cores de um cartão de crédito, mas não tem crédito. Peça já o seu e comece hoje mesmo a ser recusado em milhões de estabelecimentos.

Veja as desvantagens de ter um:

- Seguro-viagem, só para viagens de 100 km, de carro, ônibus ou carona;
- Vem nas versões International, Gold e Diamond, mas é só fachada, pois nenhuma delas funciona;
- Se você conseguir fazer algum saque no Brasil ou no exterior, vai ser estelionato;
- Você pode pedir um Fantasy Card adicional e dar para sua esposa. E ela pode pedir a separação;
- Você decide a data do vencimento: 29 de fevereiro, 32 de março ou 1º de abril;
- Tem a exclusiva função NÃO PAGUE CONTA, perfeita para você NÃO fazer dívida.

Chegou Brinque Money: fantásticas cédulas de mentira para as pessoas acharem que você tem dinheiro de verdade.

Brinque Money é um exclusivo kit de 171 notas falsas para você, que vive duro, ficar achando que tem dinheiro na carteira. Na parte da frente, as notas são idênticas às de verdade, e, na parte de trás, o Brinque Money traz propagandas de produtos e serviços voltados aos endividados: clínicas de recuperação para consumistas compulsivos, endereços de comunidades de endividados no Orkut e anúncios de financeiras que emprestam dinheiro de verdade sem exigir comprovação de renda.

Brinque Money está sendo lançado simultaneamente nos Estados Unidos e no Brasil, e pode ser usado em várias ocasiões.

Você pode:

- Simplesmente carregar as notas na carteira e mantê-las ali só para olhar de vez em quando.
- Exibir suas cédulas para as pessoas (só a parte da frente), mostrando a elas que você não precisa de empréstimo.
- E aproveite a promoção: se você fizer depósitos de Brinque Money no caixa eletrônico dos bancos, você ainda ganha cinco anos na cadeia.

Peça hoje mesmo seu kit Brinque Money.
Ligue 0800 77777 e faça sua solicitação.
Não mande dinheiro agora (até porque você não vai ter).

Carteira Elétrica. A única que você pensa duas vezes antes de abrir.

Carteira Elétrica é a primeira e única carteira à prova de consumidor. Isso mesmo. Foi feita para você controlar seu impulso de comprar e, assim, gastar menos. Ao abri-la, você sempre leva um choque. Dessa forma, com o tempo você perde a vontade de abrir a carteira e passa a fazer economia. A Carteira Elétrica é encontrada em três versões, cada uma com um choque diferente:

- **30 volts** – para consumidores que precisam se controlar quando vão ao shopping;
- **60 volts** – para consumidores que compram tudo o que vêem pela frente;
- **100 volts** – essa versão é vendida apenas com receita médica. Destina-se aos compradores compulsivos que já estão terrivelmente endividados. Para esses casos terminais, só mesmo um choque quase mortal. Assim, ou o consumidor se educa ou morre eletrocutado.

Conheça hoje mesmo a Carteira Elétrica, a única feita para quem não sabe se controlar.

ALARME DE ENDIVIDADOS.
VOCÊ ANUNCIA QUE VAI GASTAR,
E ELE ESPALHA PARA O MUNDO
QUE VOCÊ NÃO TEM CONDIÇÕES.

Produto no formato de um *pen drive,* com uma sirene acoplada. Deve ser levado no bolso ou na bolsa do endividado. Veja como funciona:

a) Sempre que o endividado disser palavras como **parcelamento**, **vezes** ou **dividir**, imediatamente o alarme dispara.
b) Ouve-se bem alto a frase: "**Cuidado, esta pessoa está se endividando. Ligue agora para 0800 9999 e veja se ela não está com o nome no SPC**".
c) Constrangido, o endividado na mesma hora desiste de fazer a dívida e sai do estabelecimento, tentando desesperadamente abafar o som.
d) Já distante do estabelecimento, o alerta pára de soar e o endividado pode, enfim, respirar tranqüilo.

O Alarme de Endividados em pouco tempo educa seu usuário, fazendo que ele passe a comprar à vista.

Para garantir o funcionamento desse aparato, seu portador deve andar com ele 24 horas. Para maior eficiência, o alarme nunca pode ser desligado, pois não possui um dispositivo para isso.

No caso de endividados terminais, o aparelho pode ser implantado no organismo por meio de cirurgia.

O Alarme de Endividados é vendido apenas à vista.

Protetor de tela com Saldo Bancário Falso. Protege também o que resta da sua reputação.

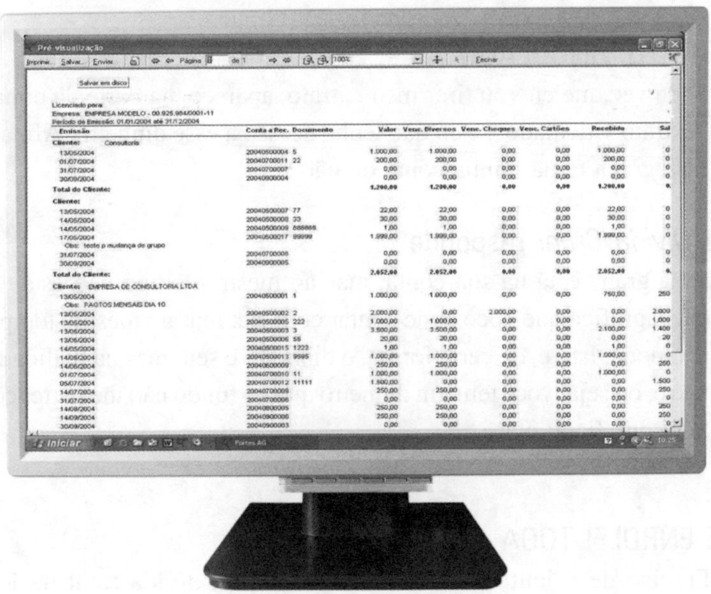

Tá querendo impressionar os colegas de trabalho, para eles pensarem que você tá cheio da grana no banco? Instale agora mesmo o Protetor de Tela com Saldo Bancário Falso. Vai todo mundo achar que você tem dinheiro pra caramba na conta corrente e na aplicação. Você compra pela internet. Mas só com dinheiro de verdade.

9ª PRESTAÇÃO

NÃO CUSTA NADA PERGUNTAR

Tudo o que você sempre quis saber sobre dívidas e morre de vergonha de perguntar pra alguém.

EXTRATO VINCULADO

Toda vez que eu vou tirar meu extrato, aparece, na parte de cima, "extrato vinculado", e eu não tenho acesso a esse dinheiro. Afinal, essa grana tá na minha conta ou não?

Oh! Dívida Cruel responde

Essa grana está na sua conta, mas ao mesmo tempo não está. O que significa que você pode contar com ela, mas ao mesmo tempo não pode. Isto é, de certa forma, o dinheiro é seu, mas na realidade não é, ou seja, você tem um dinheiro que no fundo não lhe pertence. Será que ficou claro?

ME ENROLEI TODA

Preciso de orientação urgente. Tenho uma dívida total de R$ 600,00. No cartão 1 devo R$ 200,00 e no cartão 2 devo R$ 400,00. Acontece que nunca consigo pagar o total da fatura, e isso está gerando juros sobre juros.
Estou pensando em fazer um empréstimo de R$ 800,00 e liquidar o assunto. O que vocês acham?

Oh! Dívida Cruel responde

A gente acha uma loucura, mas, já que você está na merda, não tem mais nada a perder. Portanto, vá fundo e ao fundo. Porque é aí que você vai chegar se continuar pagando dívida sobre dívida.

COMO COBRAR DE UM SAFADO

Me ajudem, por favor! Quero cobrar um safado que me deve e não sei como agir.

Já faz mais de um ano que ele me deve, mas quando vou cobrá-lo, ele escorrega dizendo que tá sem grana, que os filhos ou a esposa estão doentes, a mãe foi atropelada ou o pai sofreu um seqüestro-relâmpago e carregava os cartões dele.

Que faço e como faço pra cobrar esse sujeito?

Oh! Dívida Cruel responde

Se souber onde ele mora, fique na porta ou, então, se disfarce de funcionário do correio e diga que precisa fazer uma entrega. Nessa hora, faça a cobrança. Se não souber onde ele mora, crie uma armadilha: faça um *outdoor* com o nome do sujeito, dizendo que ele ganhou um prêmio e pedindo para ligar para um número: o seu. Ou, ainda, descubra o número do cartão de crédito do cara e faça umas compras no nome dele, no valor da dívida. Aí fica tudo certo.

DEVENDO ATÉ PARA O PAI

Devia 500 reais para o meu pai quando eu tinha 18 anos. Hoje, que completei 25, descobri que a dívida está em 10 mil. E agora?

Oh! Dívida Cruel responde

Se você devesse para um banco ia ser bem mais complicado, mas como é para o pai, fica tudo muito simples. Fuja de casa e o problema tá resolvido.

OH, DÚVIDA CRUEL: "ALUGUÉIS" OU "ALUGUERES"?

Estou mesmo bem confuso. Acabei de alugar um imóvel e no contrato tá dizendo que o valor anual dos alugueres é de alguns muitos reais. Achei essa palavra horrível, ridícula, bem como o advogado que fez esse contrato, que por coincidência também é o dono do imóvel. O plural correto não deveria ser "aluguéis"?

Oh! Dívida Cruel responde

Que diferença faz? Você está ferrado do mesmo jeito. Pagando aluguéis ou alugueres, você vai continuar morando numa casa que nunca vai ser sua. E agora pare de alugar a gente com essa pergunta mesquinha, porque tem mais 140 milhões de endividados precisando de nossos conselhos.

ENDIVIDADO DESESPERADO

Estou devendo mais de 10 mil reais na praça. Queria fazer um empréstimo para pagar essa dívida, mas não tenho crédito, não tenho conta em banco e o meu nome está sujo. E agora?

Oh! Dívida Cruel responde

Agora o jeito é apelar para um agiota. Conheço um que também é doleiro, troca cheques e vende notas. O cara arruma essa grana de que você precisa: sem burocracia, sem fazer perguntas, mas com juros de 30% ao mês. Melhor pensar em comprar um jazigo.

ACORDO COM A FACULDADE: TEM JEITO?

Estou em débito com a faculdade, no valor de R$ 3.550,00. Até o dia 30/6 o acordo poderia ser feito com 20% do valor do débito à vista e o restante dividido em até seis parcelas. Não pude fazer o acordo nessa data porque o valor do mês de junho ainda não tinha caído no sistema. Como agora tenho de fazer o acordo para me matricular até o dia 10/7, estão me exigindo uma entrada de 70% do valor devido, e não aceitam valor inferior. Isso é correto?

Oh! Dívida Cruel responde

Como você já sabe, mesmo estudando e pagando a faculdade mais cara isso não significa que você vá conseguir um bom emprego. Nosso conselho é: compre um diploma. Sai mais barato, não precisa fazer acordo e ainda economiza tempo.

A INJUSTIÇADA

Fui protestada injustamente, pois já paguei a dívida. No mesmo dia em que paguei esse protesto, recebi um documento dizendo que seria protestada outra vez, no dia seguinte. Liguei na tal empresa e fui informada, então, de que eu deveria pagar as custas do cartório, porque eles não tirariam o protesto. Já faz dois anos e eles não se pronunciam. O que faço?

Oh! Dívida Cruel responde

Faça as malas e vá embora do país. Depois de dois anos, seu nome tá mais sujo que pau de galinheiro.

CADÊ O MEU PROTESTO?

Como posso descobrir em qual cartório foi parar o meu protesto?

Oh! Dívida Cruel responde

Compre um tênis e prepare-se para a maratona dos dez cartórios. Do contrário, procure uma vidente e passe para ela o seu CPF. Porque, já que essas mulheres trazem a pessoa amada em dois dias num país em que aeroporto não funciona direito, elas conseguem saber em qual dos dez cartórios você foi protestado, coisa muito mais simples.

SUJOU! E AGORA?

Gente, eu tô no maior sufoco financeiro e finalmente consegui um emprego. Um emprego meia-boca, como o último, mas que vai me garantir uma grana. Só que tem um probleminha. Descobriram que meu nome tá sujo na praça e não querem me contratar.

Oh! Dívida Cruel responde

Isso não é um probleminha, é um problemaço. Nossa sugestão é que você consiga um empréstimo para limpar seu nome ou use outro artifício, como vender seu carro para você mesma e descolar a grana. Ou então, fia, procure um emprego numa dessas empresas completamente ilegais, mais em sintonia com seu estilo de vida.

FUI COBRADA DE UMA CONTA DE CELULAR QUE EU NEM TINHA

Não sei como conseguiram essa proeza, mas a companhia telefônica está me cobrando uma conta de um celular que nunca tive. O pior é que eu tenho de provar que nunca tive esse número. Como faço isso?

Oh! Dívida Cruel responde

Provar que você não tem algo é difícil. Você pode provar que gosta de mulher e não de homem, pode provar que trabalha e não é desempregado, mas provar que nunca teve alguma coisa, sem chance. Deixe que te mandem para protesto e aguarde cinco anos até caducar a dívida que você não tem. Creia, é o jeito mais simples de resolver esse problema.

PERDAS E DANOS

Acho que perdi meu cartão de crédito, tem jeito de cancelar o cartão? Tenho muitas dívidas pendentes nele, o que vai acontecer?

Oh! Dívida Cruel responde

Se você tem dívidas no cartão, dê graças a Deus que ele foi roubado. Assim, não precisa pagar nada. Se acha que perdeu, cancele mesmo assim. Mais uma justificativa para não pagar o que deve.

POSITIVO OU NEGATIVO?

Gostaria de saber quantos dias posso atrasar o pagamento de uma dívida até meu nome ser negativado no SPC ou na SERASA.

Oh! Dívida Cruel responde

Você é quem sabe. Até porque o nome é seu, não nosso. Se você atrasar uns três meses, seu nome já vai para a Serasa. Se quiser arriscar, espere quatro. E se não tiver nada a perder, ignore a dívida. Você só vai saber se está com o nome sujo quando for financiar alguma coisa. O que não vai demorar muito.

ACHEI UMA CARTEIRA. DEVOLVO OU NÃO?

Achei uma carteira com 200 reais, e, como vivo endividada, não consigo resistir à tentação de pegar a grana pra mim. Mas sei que isso não é justo. O que faço?

Oh! Dívida Cruel responde

Minha amiga, você acredita mesmo que se achassem a sua carteira alguém lhe devolveria o dinheiro? Claro que não. Uma, porque o ser humano é corrupto por natureza, e outra, porque estamos no Brasil.

EU QUERO A VERDADE

Qual a diferença entre a vareta, o pó e a barra do incenso Chama Dinheiro?

Oh! Dívida Cruel responde

O verdadeiro **Chama Dinheiro** deve respeitar a composição de farinha de ossos, estrume de galinha e pólvora seca, mas também tem de ter o formato de barra. Só essa versão solidifica o desejo de enriquecimento, que passa então a assumir um estado quase físico e dar como resultado um enriquecimento à base de dinheiro de verdade e não de dinheiro emprestado. As outras formas de incenso **Chama Dinheiro** são meras ilustrações, ilusões a que endividados de mente perturbada recorrem no auge do desespero. Tirando sua propriedade de empestear ambientes fechados, a vareta e o pó não trazem nenhum benefício ao endividado.

E tem mais uma coisa muito importante: para que o Chama Dinheiro dê efeito, não pode ser utilizado junto com outras formas místicas de chamar dinheiro, como novenas, mandingas e oferendas. Nesse caso, os santos entram em conflito e isso pode gerar um efeito inverso. CUIDADO!

PAGO MINHA PROMESSA COM VELA OU COM GRANA?

Fiz uma promessa para arrumar um emprego e finalmente consegui. Pretendia pagar a promessa acendendo uma vela do meu tamanho, mas será que isso paga a graça que eu recebi?

Oh! Dívida Cruel responde

Com certeza não paga, principalmente se a igreja que você freqüenta aceitar o pagamento da promessa com um dízimo dobrado. E, se você pertence a outra religião, saiba que esse lance de vela já era. Promessa você tem de pagar em *cash*, afinal, estamos num mundo capitalista. Se o santo aceitar cartão de crédito, melhor; nesse caso você ainda pode pagar em até 40 dias.

Mágica

Alguém sabe me dizer como se livrar de uma dívida sem ter de pagar?

Oh! Dívida Cruel responde

Esperar que a dívida caduque, depois de cinco anos.
Fugir para uma cidade esquecida no Brasil, Zé das Farinhas, por exemplo.
Simplesmente não pagar e fazer de conta que não é com você.
Mudar de nome.

MEDO DE IR EM CANA

Eu, assim como a maioria da população brasileira, possuo diversos cartões de crédito. No começo, ao adquirir esses cartões, foi uma beleza! Eu pensava: "Mas que ótimo, posso comprar tudo o que eu sempre quis e só pagar depois? O mundo é meu!". Pura ilusão... Descobri que com cartão eu pago tudo, menos a fatura.
Quando soube da possibilidade de pagar o "mínimo", achei o máximo. Mas estou pagando o mínimo há cinco meses e ele aumenta cada vez mais. O que pode acontecer (além de os juros me devorarem e de meu nome ficar sujo) se eu parar de pagar? Posso chegar a ser presa ou algo do tipo?

Oh! Dívida Cruel responde

Você tem duas opções. Pode deixar as faturas se acumularem e esperar que a administradora te ligue pra fazer um acordo. Mas esse telefonema pode levar alguns anos. A outra opção é deixar que mandem seu nome para o SPC. Aí, pelo menos você não vai mais ter cheque nem cartão de crédito.

O CHEQUE NÃO COMPENSA

Tenho uma dívida de R$ 7.000,00 referente a quatro cheques que voltaram por motivo 12. Quero pagar e a faculdade se nega a negociar da forma em que posso pagar. Não terminei o curso e ainda estou com o nome sujo na SERASA. Quero me livrar dessa merda o quanto antes, porque tenho de continuar freqüentando a faculdade pra poder me formar. E aí?

Oh! Dívida Cruel responde

Basta dizer que você quer pagar e a facul não quer receber. Quanto ao cheque sem fundo, você é 171. Pode "pegar" cadeia, caso não seja primário, por estelionato. Procure negociar rapidinho essa dívida pra não ter de negociar a posição em que vai dormir na cela. Lá, você se forma bandido rapidinho.

NÃO SEI FAZER CONTA

Estou com três prestações para pagar nos próximos três meses. Só hoje descobri que, juntas, elas somam o valor do meu salário. E agora?

Oh! Dívida Cruel responde

Agora, o ideal seria mudar de emprego. Mas como você não deve ter competência pra isso, você pode apelar para outras fontes de renda: vender seus *tickets*, alugar seu quarto para alguém ou, quem sabe, dependendo do seu corpinho...

DÚVIDAS DE QUEM TAMBÉM TEM DÍVIDAS NO AMOR

INFELIZ NO CASAMENTO E COM MARIDO DESEMPREGADO

Meu marido está desempregado há cinco anos, não tenho renda e ele não tem salário. Minhas únicas jóias eu empenhei e já gastei o dinheiro. Estou com cinco aluguéis atrasados e desde 2001 vivo de empréstimo. Não suporto mais essa situação. Em vez de se mexer, meu marido fica o dia todo comendo e conversando com a empregada. Não sei mais o que faço.

Oh! Dívida Cruel responde

Tá reclamando do quê? É melhor ter um marido que fica o dia todo comendo e conversando com a empregada do que um que fica o dia todo conversando e comendo a empregada.

FIM DA LINHA

Sei que é uma pergunta muito mórbida e vai dar motivo para os brincalhões de carteirinha ficarem me zoando. Mas o fato é que estou depressivo, e morrer é um pensamento que me vem à mente com muita freqüência. Sei que não vou me suicidar, pois não teria coragem para isso, mas é horrível conviver com esse tipo de pensamento. O problema é que estou cheio de dívidas, sou feio, passei dos 40, sou gordo, não tenho carro, moro longe e tenho mau hálito, o que afasta qualquer mulher. O que faço?

Oh! Dívida Cruel responde

É, cara, quando a maré tá brava, só acontece coisa ruim. É a velha Lei de Murphy em ação. Mas fique tranqüilo. Numa dessas seu telefone toca e você recebe uma notícia. Mas provavelmente vai ser numa ligação a cobrar.

SEM TESÃO NÃO HÁ SOLUÇÃO

Desculpem-me pela liberdade, mas será que nessa equipe tem alguém que já teve crise financeira? Em caso afirmativo, a crise interferiu no relacionamento com o(a) parceiro(a)? Essa questão financeira foi capaz de bloquear o desejo? Ou vocês conseguem separar as coisas?

Oh! Dívida Cruel responde

Claro que tem alguém endividado na equipe, senão este livro não estaria em suas mãos.

Com certeza, dinheiro é o maior afrodisíaco que existe, mas se você está na lona, não se desespere. Entre no site osdurostambémamam e lá você descobrirá muitos *drive-ins*, boquetas e hotéis baratos na Zona Leste. Achará também camisinhas em promoção. Isso lhe dará a certeza de que trepar ainda é quase de graça. Mas, se a mina engravidar, aí fodeu.

COM QUE ROUPA EU VOU?

Toda semana minha mulher é convidada para uma festa, e ela aparece em casa com roupa nova, sapatos, bolsa e outros complementos para usar na tal festa. Eu armo o maior barraco, porque acho que isso está errado. Em minha opinião, vaidade demais atrapalha. E sai caro. O que devo fazer?

Oh! Dívida Cruel responde

Ué, se não é você quem está bancando a farra, deve ser o Ricardão. Dê graças a Deus por ter alguém ajudando a segurar as despesas da sua casa.

10ª PRESTAÇÃO

CHEGA DE DÚVIDAS SOBRE DÍVIDAS!

Qual é a diferença entre juros simples e juros compostos? Você não tem a menor idéia do que é oneomania? Anuidade é uma mensalidade que cobram por ano? Saldo é o que eu tenho ou o que eu devo? Crédito rotativo pode rodar, cair na mão de outro devedor e aliviar sua barra? Você, que vive em apuros porque não entende nada do que o seu banco, a administradora de cartão de crédito, os telejornais, os jornais ou a internet dizem sobre dinheiro, agora não vai mais ter motivos pra se apertar. Nós resolvemos te dar uma mãozinha. A partir de agora, você não vai mais passar vergonha por não saber onde está gastando.

Ágio: taxa que você paga para as montadoras fazerem o favor de vender um carro pelo triplo do preço.

Amortização: é a redução de uma dívida sua por meio de um pagamento parcial. Ou seja, uma cabeça de bacalhau: nunca ninguém viu.

Anuidade: facada anual que você leva do cartão de crédito, cobrada a título de manutenção. Mas manutenção do quê? Deve ser a manutenção da sua capacidade de se endividar de novo.

Avaliação de crédito: ritual humilhante a que você é submetido sempre que precisa de um empréstimo ou crédito para compras. Um sistema informatizado rastreia sua vida. Se o sistema não cair, se não tiver passado das 22 horas e se for dia de semana, três horas depois, você fica sabendo a resposta: não, seu crédito não foi aprovado. *Sorry*.

Banco: o tipo de empresa que você deveria ter aberto, e não esse boteco chinfrim que o fez ficar devendo até as calças. No Brasil, temos diversos exemplos dessas instituições bem-sucedidas:

- **Banco do Brezil** – Tem um só caixa para 45 pessoas. Isso porque o *bankline* não funciona. Como tudo que é do Brezil.

- **Banco Bordelsco** – O banco onde os homens fazem aplicações, atendidos por moças de fino trato. O tipo de aplicação mais disputada são os fundos.

- **Banco Saltinbank** – É aquele em que você vira um artista de circo, fazendo malabarismos para pagar as taxas de administração e tudo o mais.

- **Banco Fimnasa** – Tem parceria com a Nasa, por isso seus juros estão lá no espaço.

- **Banco Ferrinvest** – É o banco que estende uma mão amiga na hora do aperto e te empresta 500, 1.000 e até 1.500 reais. Você, que está desesperado demais para fazer contas, acha que levou vantagem. Até descobrir que pagou o dobro pela grana e se ferrou.

- **Banco HSCB** – a sigla no mundo todo significa: Hoje o Seu Crédito Bombou.

- **Banco Itu** – Nesse banco, como naquela cidade do interior paulista, tudo é grande: os juros do cheque especial, a tarifa do DOC, a anuidade do cartão de crédito.

- **Banco Nosso Carma, Nosso Banco** – Um banco do qual você nunca vê agências em lugar nenhum. E, quando encontra uma, não consegue fazer nenhuma operação porque o sistema caiu. É uma espécie de Banco do Brezil com outro nome.

• **Banco Surreal** – O banco mais sustentável do planeta, mas não sustenta gente que não paga juros, não!

• **Banco Satãder** – Um banco que se faz de anjinho, mas que depois faz da sua vida um inferno, com tantos juros e taxas.

• **Banco Sofra** – É aquele em que os donos olham pra você e só enxergam $$$$$$$. E você só enxerga sofrimento neles.

• **Banco Unibando** – Nem parece banco. Os donos se uniram para te arrancar as calças, se for o caso, para que você deixe toda a sua grana para eles.

• **Caixa Ergonômica Federal (vulgo CERF)** – Para você que está torto de dívidas e precisa colocar a coluna no lugar.

Beneficiário: é quem se dá bem, aquele que recebe alguma bolada em notas quentinhas, em cheque (se o cheque não tiver fundos, se dá mal), ordem de pagamento ou nota promissória.

Bens: aquilo que o endividado está pagando, mas nunca vai ter em definitivo. Ou seja, você só tem uma parte, o resto é da financeira.

Bolsa de Mercadorias e Previsão do Futuro (vulgo BM&PF): tem esse nome porque possui uma bola de cristal que mostra mercadorias e papéis que ninguém vê, mas compra.

Bolsa de Valores: é a bolsa de uma mulher, em que ela põe as coisas que valem para alguma coisa no dia-a-dia, como o batom e o cartão de crédito.

Caderneta de poupança: não rende nada; só o termo "poupança", no sentido de "bunda", rende piadinhas para os humoristas.

Caixa 2: dinheiro que você ganhou honestamente e que, por isso, não quer dividir com o governo.

Canhoto: a parte de um cheque em que você anota a quantia que um desavisado tem a ilusão de que vai receber.

Câmbio: é quando você, no desespero, resolve vender dólar falsificado. Aí vem a polícia, te leva preso e o guarda comunica à delegacia: "Prendemos o meliante, câmbio".

Capital: dinheiro que você gostaria de ter, mas não tem.

Cartão adicional: é aquele que você pede para dar a quem ama. Mas, quando chega a fatura, começa a achar que essa pessoa o odeia.

Cartão de crédito: com ele você paga tudo, menos a fatura das compras.

Cartão de débito: o cartão de quem se endividou e por isso não tem mais crédito, só débitos.

Cartão Gold: cartão que o banco envia quando ainda não conhece o seu histórico de comprador compulsivo que só paga o mínimo. Com ele você se endivida tanto quanto com os outros, com a diferença de que paga o dobro para ter exatamente as mesmas coisas.

Cartão Platinum: você jamais terá um, o que é uma bênção. Pois se com um cartão com limite você já se endivida de forma irreversível, imagine com um cartão sem limites.

Casa da Moeda: o lugar no qual gostaríamos de fazer estágio, trabalhar ou até fazer uma faxina, só pra tentar burlar a segurança e descobrir como se imprimem cédulas de R$ 100 originais.

Cheque compensado: aquele que deveria cair amanhã, mas caiu hoje.

Cheque pré-datado: veja o verbete anterior.

Cheque sem fundos: se você ainda não sabe o que é, está lendo o livro errado.

Concordata: recurso jurídico que permite a uma empresa continuar devendo sem ir para o SPC. Queremos reivindicar esse mesmo recurso para pessoas físicas também.

Conta corrente: resumo da sua situação financeira, que você acompanha olhando os extratos às escondidas ou, então, ligando trêmulo para o *disk-bank*. Sua vergonha aumenta ao constatar a quantidade de pessoas que têm acesso a esse vexame.

COPOM: um copo grande de birita que certas pessoas tomam para decidir a taxa de juros.

Crédito: quantia que o banco coloca à sua disposição, mas que para sua surpresa nunca está aprovada.

Credor: pessoa que conseguiu seu telefone só Deus sabe como e que liga dez vezes por dia te cobrando. Se o orelhão tocar quando você estiver passando na rua, não atenda. Pode ser ele.

Débito automático: pagamento que você esquece que programou e que sempre cai na sua conta quando você estava guardando o dinheiro para cobrir um cheque.

Déficit: o que acontece na sua conta corrente do dia 15 até o dia 30.

Dependentes: aquelas pessoas que deram o azar de depender justo de você.

Depósito: evento que acontece todo dia 30, mas cujo efeito dura apenas dois dias.

Depósito inicial mínimo: depósito mínimo exigido para se abrir uma conta bancária. Um real, por exemplo, que é geralmente o que você tem, mas que, no caso, não serve para depósito mínimo.

Desconto de cheque: situação embaraçosa em que colocamos parentes, amigos, feirantes, o padeiro quando ficamos sem um centavo e precisamos de dinheiro para comer, por exemplo.

Dívida: o que levou você a comprar este livro. Aliás, pagou em quantas vezes?

E-Card: cartão virtual, assim como o dinheiro com que você espera pagar as despesas feitas com ele.

Empréstimo: tudo o de que você mais precisa neste momento.

Encargos financeiros: o mesmo que juros. Deram esse nome só pra te atormentar mais ainda quando você tá devendo.

Extrato bancário: documento que seu gerente mostra para ficar assustando você.

Falência: o mesmo que broxada financeira.

Fiador: também conhecido como sogro, cunhado ou irmão.

Fraude: é quando você pega um cheque emprestado de alguém da sua casa sem avisar e falsifica a assinatura.

Inadimplência: situação em que você fica quando sai de um restaurante, de uma loja ou quando entra em um financiamento.

Independência financeira ou morte: grito dado por aqueles que querem se livrar de dívidas. Geralmente, eles só ficam com a segunda opção.

Inquilino: aquele que reside em imóvel alugado e na maioria das vezes atrasa o pagamento.

Juros: tudo que o banco ganha sem trabalhar.

Leasing: financiamento que você jamais conseguirá pagar.

Limite de crédito: o seu com certeza é ZERO.

Linha de crédito: também conhecida como linha de débito, fim da linha ou começo do fim.

Patrimônio: aquilo que os ricos têm.

Penhora: é quando você sofre uma apreensão judicial e levam alguma coisa sua no valor equivalente ao total do que é devido. O difícil é acharem alguma coisa de valor na sua casa.

Período de carência: tempo que você passa quando fica muito sozinho por não ter grana pra sair com a mulherada, de tanta dívida.

Prazo: tempo que você tem para pagar um financiamento, mas o financiamento nunca chega ao fim porque seu bem sempre é seqüestrado antes.

Previdência privada: o INSS que funciona.

Renda: você nunca vai saber por que nunca teve renda. Só salário.

Rendimento: aquilo que os banqueiros passam a ter quando você faz um investimento no banco deles.

Resgate: dinheiro que o seqüestrador pede para liberar a vítima. Ou você conhece outra definição?

Risco: aquilo que os bancos correm quando emprestam dinheiro para você.

Salário líquido: tem esse nome porque bem antes de 30 dias escorre pelas mãos.

Saldo a pagar: o único que você realmente sabe o que é.

Saldo atual: aquele identificado pelo símbolo R$ 0,00.

Saldo final: o que sobra na sua conta depois de pagar os juros, ou seja, zero.

Saldo inicial: aquela quantia que você conseguiu emprestada de alguém para abrir uma conta bancária.

Seguro: aquilo que os gerentes nos obrigam a fazer quando pedimos um empréstimo no banco. Bem que eles podiam nos vender um seguro para nos segurar contra a inadimplência.

Taxa de juros: o dinheiro que o banco cobra para pôr um pouco mais de tormenta na tempestade que você está atravessando.

Titular do cartão: aquele que faz tudo para o cartão não ficar na reserva. Mas cometeu o erro de pedir um adicional para alguém e esse alguém ferra com tudo.

Total da fatura: valor que você nunca paga, porque só pode pagar o mínimo. Normalmente, nem isso.

Transferência de valores: o ato de transferir dinheiro de uma pessoa para outra. Por exemplo, a taxa cobrada na sua conta vai pro bolso do dono do banco.

10ª PRESTAÇÃO

GINCANA DOS DEZ CARTÓRIOS

Teste a sua capacidade de ter o saco cheio sem sofrer um ataque cardíaco. Percorra os dez cartórios e cancele suas pendências em todos eles. Uma divertida brincadeira para você testar sua habilidade de limpar seu nome e voltar a comprar em paz. Ganha quem tiver mais paciência. Reúna seus inimigos e participe.

Instruções:

1. Arranje um dado. Se você não tiver um, azar. Compre um com aquele R$ 1,00 que sobrou no bolso.

2. Consiga outra pessoa para ser seu adversário, outro endividado como você, mas não vá trocar com ela socos nem pontapés.

3. Vá jogando os dados e pulando as casas, seguindo as instruções de cada casa onde você se encontrar.

Ganha quem chegar primeiro ao Paraíso do Nome Limpo.

Saída

1. Você esqueceu o instrumento de regularização da petição dos cartórios gêmeos. Volte três casas.

2. Você pegou a fila do caixa em vez de pegar a fila para reconhecer firma. Volte duas casas.

3. Você chegou ao cartório às 18 horas e este aqui fecha às 16 horas. Volte amanhã.

4. Você esqueceu seus documentos originais no lugar que faz cópias. Fique uma rodada sem jogar.

5. Você deixou o carro estacionado em lugar proibido. Volte uma casa.

6. Sua senha expirou e você precisa trocá-la por outra. Pule uma casa, mas volte quatro em seguida.

7. Antes de vir a este cartório, você devia ter passado no quinto e no sexto e na PQP. Saia do jogo.

8. O dinheiro que você tem só paga as custas. Para pagar o título protestado você precisa do triplo. Volte uma casa.

9. Até agora você estava esperando na fila de pessoas sentadas. Devia ficar na de pessoas em pé. Volte três casas.

10. Sem o protocolo que comprova a quitação da sua dívida com a União referente a 1976 você não faz nada. Jogue amanhã.

11. Você pegou outra senha errada e entrou na fila em que não era para ter entrado. Espere duas horas para jogar.

12. Você não entendeu o que o funcionário cabisbaixo disse murmurando. Volte ao início.

TESTE: VOCÊ É UM ENDIVIDADO?

Responda às perguntas e veja se você é realmente um endividado. Saiba, ainda, se você é um endividado em recuperação ou sem solução. No final do teste, some seus pontos e veja o resultado. Se tiver vergonha de preencher este teste, fique trancado no banheiro ou numa cabine de banco 24 horas.

Você tem um salário de R$ 2.000,00 e seu limite no cartão é:

1) R$ 1.000,00
2) R$ 2.000,00
3) R$ 3.000,00

Ao dar um cheque pré-datado:

1) Você espera que ele caia na data
2) Você espera que ele desapareça para sempre
3) Você desaparece para sempre

Ao olhar para o sogro, você vê:

1) Um sogro
2) O cara que vai pagar a conta no restaurante
3) Um potencial fiador

Ao ver um conhecido na rua, você:

1) Cumprimenta
2) Ignora
3) Foge porque está devendo para ele

Ao ver um desconhecido na rua, você:

1) Cumprimenta e deseja um bom dia
2) Ignora
3) Foge porque acha que ele está a serviço de algum cobrador

Se tem 1.000 reais para comprar um carro, você:

1) Dá de entrada
2) Compra um Fiat 147 ano 77
3) Pede mais 28 mil reais emprestados e compra um novo à vista

Você só deixa para fazer as contas do que gastou quando:

1) É fim de mês
2) Recebe
3) Nunca faz esse tipo de conta

Esporte que mais pratica:

1) Correr atrás de cheque-voador
2) Lançar cheque-bumerangue
3) Quando chega o feriado de Momo, dar cheque na sexta-feira para o seu cheque pular o Carnaval

No restaurante, quando vem a conta, você:

1) Paga à vista
2) Paga com cartão de crédito
3) Pergunta se estão precisando de ajudante pra lavar pratos

Quando pode comprar alguma coisa à vista, você:

1) Parcela no cheque ou no cartão de crédito
2) Compra
3) Pede pra te beliscarem, porque deve estar sonhando

Quando sai para jantar, você:

1) Escolhe a comida pelo preço
2) Não janta, só toma café
3) Come um lanche antes, para não passar do *couvert*

Quando encontra alguém mais bem de vida que você:

1) Não pede nada à pessoa
2) Pede um empréstimo
3) Pensa em arranjar um empréstimo para ter as mesmas coisas que ela

Seus carnês de financiamento são do tamanho de:

1) Um talão de cheques
2) Um livro como este
3) Uma biblioteca

Quando recebe correspondência bancária, você:

1) Abre normalmente
2) Treme antes de abrir
3) Vai para o hospital, para abrir lá e poder ser socorrido, caso passe mal

Você fala com seu gerente do banco:

1) Uma vez por ano
2) Três vezes por mês
3) Não fala, só grita

Seu *hobby* é:

1) Viajar
2) Saltar de pára-quedas
3) Marcar canhotos de cheques que já foram compensados

Ao pagar a última folha de um carnê, você:

1) Comemora
2) Chora, emocionado
3) Última folha de carnê? O que é isso?

Quando entra numa dívida que não pode pagar, você:

1) Arruma um trabalho extra
2) Conta com uma possibilidade remota de surgir um dinheiro inesperado de um jeito inusitado para pagar sua dívida
3) Procura um cardiologista

Ao fazer dívidas, você procura:

1) Um meio de comprar o que precisa
2) Adrenalina
3) Entrar para o *Guiness*

Quando recebe um novo cartão de crédito, você:

1) O guarda para uma emergência
2) Usa uma vez por semana
3) Gasta o limite em um dia só

Fazer compras para você é:

1) Uma necessidade fisiológica, como o sexo
2) Uma compulsão
3) Não posso responder agora, porque preciso aproveitar uma liquidação

Você faz compras para:

1) Suprir um vazio interno
2) Encher o guarda-roupa
3) Comprar, ué...

Em qual destes lugares seu coração bate mais forte?

1) Na esteira da academia
2) No encontro com a pessoa amada
3) No shopping center

Nas suas férias, você:

1) Só viaja para lugares onde possa fazer compras
2) Não viaja para lugar nenhum, porque estourou o cartão de crédito
3) Mente para o seu marido, dizendo que vai viajar, e passa um mês no shopping

RESULTADO: some os pontos de suas respostas e veja quanto deu (sem juros).

20 pontos. Você está longe de ser um endividado. Mas isso não significa nada. Grandes nomes do SPC também tinham uma vida equilibrada e achavam que eram imunes às dívidas. E, quando menos esperavam, já estavam no rotativo do cartão de crédito.

30 pontos. Você ainda não é um endividado, mas tem tudo para ser. No fundo você quer ser um endividado, mas não tem coragem de assumir isso dentro do seu coração – e, principalmente, dentro do seu orçamento.

43 pontos. Meus pêsames, você é um endividado. E será por muito tempo. Pode ser que um dia você se cure, mas fazer dívidas é como ir ao bingo ou beber – um vício. Mas existe um consolo: 99% da população do planeta é como você, ou seja, não sabe fazer dinheiro, só empréstimo.

12ª PRESTAÇÃO

Parabéns, você leu tudo sem pular nenhuma prestação e sem pedir para ninguém ler para você. Por isso, você merece todo o nosso respeito. Mais que isso, todo o nosso crédito. Temos uma ótima notícia: você não precisa quitar a última parcela, pois ela já foi paga pelos autores deste livro.

Agora, nós, da Fodinvest, estamos à sua disposição, para um novo financiamento. Os juros são os mais baixos do mercado (de qual mercado a gente não sabe, mas isso também não importa). É pegar e não largar.

Visite nosso site e conheça estes e outros lançamentos

www.matrixeditora.com.br

ALMANAQUE DA MÚSICA BREGA
Autor: Antonio Carlos Cabrera
O livro que reúne as histórias de vida e a discografia de praticamente todos os artistas da música brega brasileira dos anos 1970, 80, 90 e da atualidade.

TELECATCH – ALMANAQUE DA LUTA LIVRE
Autor: Drago
Entre os anos de 1960 e 1980, a turma da luta livre fez um gigantesco sucesso pelas TVs do Brasil. Neste livro, você vai conhecer as histórias e as glórias de diversos de seus personagens, como Fantomas, Tigre Paraguaio, Ted Boy Marino e muitos outros. A popularidade do *telecatch* – essa mistura de esporte e encenação – hoje não é sombra do que já foi, mas ele continua por aí, alegrando pessoas por todos os cantos do país.

ATÉ PARECE QUE FOI SONHO – MEUS TRINTA ANOS DE AMIZADE E TRABALHO COM TIM MAIA
Autor: Fábio
O cantor e compositor Fábio trabalhou com Tim Maia e foi seu maior amigo. Durante 30 anos, ele acompanhou a ascensão de Tim Maia ao estrelato, além de ter presenciado fatos marcantes desse gênio da MPB. Aqui ele revela várias dessas passagens, que também são parte de sua própria vida. Saiba por que Tim Maia é chamado de "Síndico" na música de Jorge Benjor. Entenda como foi a relação de Tim com Roberto Carlos. Por que Tim foi preso nos Estados Unidos. Conheça a história da casa que ele comprou e teve de demolir. A "geladeira" da Rede Globo, os amores, a solidão, as brigas, a seita Universo em Desencanto e muitas outras histórias imperdíveis.

A VIDA PORTUGUESA COMO ELA É
Autor: Pedro Silva
Vindo diretamente da "terrinha", mostra o lado inusitado e engraçado de alguns costumes portugueses que você não conhecia.

MATRIX